EINZELGÄNGER

II. Internationale Sommerakademie für Bildende Kunst · 26. Juni – 11. Juli 2001

Bundesakademie für kulturelle Bildung Wolfenbüttel

Ausstellung

Silke Leverkühne · Peter Mell · Malerei

26. Juni – 08. Juli 2001

im Kornspeicher der Herzog August Bibliothek

Vortrag

Franz Ackermann · 30. Juni 2001

Vortrag

Dr. Michael Glasmeier · 04. Juli 2001

Präsentation

Ergebnisse EINZELGÄNGER · 10. Juli 2001

im Kornspeicher der Herzog August Bibliothek

Das Projekt EINZELGÄNGER

wurde finanziell gefördert durch die

NIEDERSÄCHSISCHE
LOTTOSTIFTUNG

II. Internationale Sommerakademie
für Bildende Kunst Wolfenbüttel

EINZELGÄNGER

Silke Leverkühne
Peter Mell

Bundesakademie
für kulturelle Bildung
Wolfenbüttel

SALON VERLAG

Geleit

Zum zweiten Mal nach 1998 fand EINZELGÄNGER, die II. Internationale Sommerakademie für Bildende Kunst Wolfenbüttel an der Bundesakademie für kulturelle Bildung Wolfenbüttel statt. Für die Sommerakademie, die im ersten Jahr durch die Stiftung NORD/LB Öffentliche, dieses Jahr durch die Lottostiftung und in zwei Jahren von der Stiftung Niedersachsen unterstützt wird und somit ein hervorragendes Projekt der gemeinsamen Stiftungszusammenarbeit in Niedersachsen ist, konnten die beiden Künstler/in Silke Leverkühne aus Düsseldorf und Peter Mell aus Mehla als Gastdozenten gewonnen werden. Die zweiwöchige Werkstatt mit den beiden Lehrenden stand unter dem Thema Licht und Farbe in der Malerei.

Mit der Ausstellung der beiden Lehrenden im Kornspeicher der Herzog August Bibliothek wurde die Sommerakademie eröffnet. Das Projekt, begleitet von zwei öffentlichen Vorträgen, endete mit der Präsentation der entstandenen Arbeiten der 22 Teilnehmenden.

Das Projekt EINZELGÄNGER ist vom finanziellen wie organisatorischen Umfang eines der bisher größten Projekte der Bundesakademie. Es unterstreicht den grundsätzlich innovativen Charakter dieser Fortbildungsinstitution.

Der vorliegende Katalog dokumentiert sowohl die einzelnen Veranstaltungen des attraktiven Projektes und ist zugleich ein Zeugnis der kulturellen Aktivitäten Wolfenbüttels und der gesamten Region.

Dem Katalog wünsche ich viele interessierte Kunstfreundinnen und Kunstfreunde, die sich durch das Projekt EINZELGÄNGER inspirieren lassen. Gewissermaßen als Botschafter könnten sie unter dem Motto „Aus EINZELGÄNGERN werden Multiplikatoren" vor Ort kreatives Arbeiten mit der Kunst eintreten und die Idee und die Ergebnisse der Sommerakademie „ins Land" tragen.

Heinrich Aller
Finanzminister des Landes Niedersachsen

Gruß

Als Förderer von Kunst und Kultur engagiert sich die Niedersächsische Lottostiftung landesweit für eine Vielzahl herausragender Ereignisse und Aktivitäten in diesem Bereich. Mit ihrer Förderung versucht die Stiftung auch stets Akzente für die Kunst- und Kulturlandschaft in Niedersachsen zu setzen. Die spannende Konzeption und die Internationale Ausrichtung der nunmehr II. Sommerakademie hat uns überzeugt, dies ist die Qualität, die wir von unseren Förderprojekten erwarten und so freue ich mich, dass die Lottostiftung mit ihrer Förderung die diesjährige Akademie ermöglichen konnte.

Mit der Information über die Arbeit der durch die Jury ausgewählten 22 Künstlerinnen und Künstler ist die Internationale Sommerakademie zum zweiten Mal zu einer festen und anerkannten Institution für das breite Spektrum der zeitgenössischen Kunstlandschaft geworden.

Das hervorragende Merkmal der Internationalen Sommerakademie ist die stets spannende und phantasievolle Auswahl der Lehrenden und der Lernenden, die sowohl etablierten Künstlern als auch jungen Talenten ein Podium bietet, um Impulse für die eigene künstlerische Arbeit zu erhalten, um danach ihr Schaffen einem interessierten Publikum zu präsentieren. Die Bundesakademie leistet damit einen wesentlichen Beitrag zur kulturellen Entwicklung in unserer Gesellschaft.

Ich danke Frau Dr. Baumann und ihrem Team, sowie den beiden Gastdozenten Silke Leverkühne und Peter Mell, die mit viel Arbeit und Enthusiasmus durch die Internationale Sommerakademie sowohl der Künstlerförderung als auch der Vermittlung zeitgenössischer Kunst dienen.

Der Titel, der den nun vorgelegten Katalog prägt, ist Einzelgänger. Er lässt die Vielfalt und Spannung der 22 Positionen entdecken. Ich wünsche ihm die Publizität, die er verdient.

Reinhard Scheibe
Staatssekretär und Vorsitzender des Vorstandes
der Niedersächsischen Lottostiftung

Vorwort

In der Zeit vom 26. Juni bis 11. Juli 2001 fand in der Bundesakademie für kulturelle Bildung Wolfenbüttel die II. Internationale Sommerakademie für Bildende Kunst EINZELGÄNGER statt. Die Sommerakademie richtet sich an Künstlerinnen und Künstler, Studenten und junge begabte Menschen, die beruflich eine künstlerische Ausbildung anstreben sowie Interesse haben und die Bereitschaft mitbringen, auf qualitativ hohem Niveau sich mit renommierten Künstlerinnen und Künstlern als Lehrende zu einem ausgewählten Thema intensiv auseinanderzusetzen.

Ein Projekt des Fachbereichs Bildende Kunst, das eine Verknüpfung eines Weiterbildungsangebotes für eine ausgewählte Gruppe mit verschiedenen öffentlichen Veranstaltungen vorsieht. Veranstaltungen, die sich, neben den Stipendiaten, insbesondere an das Publikum in Wolfenbüttel und der Region richten, aber vom Renommé einen überregionalen Charakter besitzen.

Für die diesjährige Sommerakademie, ausgeschrieben für Malerei, konnten wir zu unserer großen Freude die Künstler Silke Leverkühne und Peter Mell für die Gastdozentur gewinnen. Eine Kunstgattung, die – obwohl immer wieder tot gesagt – es doch nie gewesen ist – gerade auch im Fortbildungsbereich enormen Zuspruch findet. Einer der Gründe für uns, zwei Lehrende einzuladen, um eine größere Gruppe an Stipendiaten zulassen zu können.

Mit der Sommerakademie bieten wir ein an Intensität und Zeit weit über unsere Standards der übrigen Fort- und Weiterbildungsveranstaltungen hinausgehendes Projekt an, mit dem wir uns durchaus mit den übrigen großen im deutschsprachigen Raum angebotenen Sommerakademien messen können.

Der vorliegende Katalog dokumentiert das Projekt mit seinen unterschiedlichen Bestandteilen – der Ausstellung von Silke Leverkühne und Peter Mell, dem zweiwöchigen Workshop mit den beiden öffentlichen Veranstaltungen – den Vorträgen von Franz Ackermann und Dr. Michael Glasmeier, sowie der Präsentation der während der Sommerakademie entstandenen Arbeiten .

13

In der Ausstellung stellten wir Arbeiten von Silke Leverkühne – Eitempera auf Leinwand, die in der Zeit zwischen 1998 und 2001 entstanden sind – Papierarbeiten von Peter Mell gegenüber, die Mell im Zeitraum zwischen Ende der Achtziger Jahre und heute schuf. Es ist die erste Ausstellung, in der die beiden Künstler exklusiv, also allein gemeinsam vertreten sind und es freut mich besonders, dass die Bundesakademie Wolfenbüttel diese Exklusivität präsentieren durfte. Es ist jedoch nicht die erste Ausstellung, in der sie gemeinsam zu sehen waren. Bereits 1984 in der Ausstellung *von hier* aus, der neben *Westkunst* wichtigsten Übersicht der westdeutschen Kunst der Achtziger Jahre, waren sie vertreten.

Meinen ganz besonderen Dank möchte ich Silke Leverkühne und Peter Mell aussprechen, für das enorme Engagement und die anhaltende Energie bei der Vorbereitung, Durchführung und Gestaltung der zweiwöchigen Werkstatt und der beiden Ausstellungen sowie für die gemeinsame Zeit und Intensität der Arbeit in den zwei Wochen.

An Franz Ackerman und Dr. Michael Glasmeier geht mein Dank – durch ihre Vorträge erfuhr die Sommerakademie anregende und sehr bereichernde Impulse.

Dank an die Niedersächsische Lottostiftung, ohne deren finanzielle Förderung wir dieses Projekt nicht hätten realisieren können – insbesondere an Reinhard Scheibe, den Vorstansvorsitzenden der Stiftung, der sich für die Idee dieses Vorhabens begeistern konnte.

Daß wir den Kornspeicher der Herzog August Bibliothek als Ausstellungsraum nutzen konnten, ist dem Entgegenkommen von Herrn Prof. Schmidt-Glintzer zu verdanken. Zu danken ist schließlich allen Autorinnen, Autoren sowie Mitarbeiterinnen und Mitarbeitern, die die Realisation von Sommerakademie, Ausstellungen und Katalog maßgeblich mitgetragen haben, insbesondere Andrea Ehlert, Jochen Gdynia, Sabine Oehlmann und Vera Grönegress.

Sabine Baumann
Leitung der Sommerakademie und des Fachbereichs Bildende Kunst
Bundesakademie für kulturelle Bildung

Silke Leverkühne · Peter Mell **Ausstellung**

Silke Leverkühne *Wolkenfetzen I, 1998*

18

Silke Leverkühne *Wolken mit gelber Störung, 1999*

Ausstellungsansicht (von links nach rechts)

Assunta, maigrün über lachsrosa - Der Weg (Ausschnitt)

Silke Leverkühne *maigrün über lachsrosa, 2000*

Silke Leverkühne *Wolken verdichtet, 2001*

Ausstellungsansicht (von links nach rechts)

Wolken verdichtet, Qualm und Rauch, Kühltürme, Der Weg (Ausschnitt)

Silke Leverkühne *Kühltürme, 2000*

Ausstellungsansicht (von links nach rechts)

Tibet, Tibet, Tibet, dichter Qualm, zwei Schlote

Peter Mell *Tibet, 1991*

Peter Mell *Tibet, 2001*

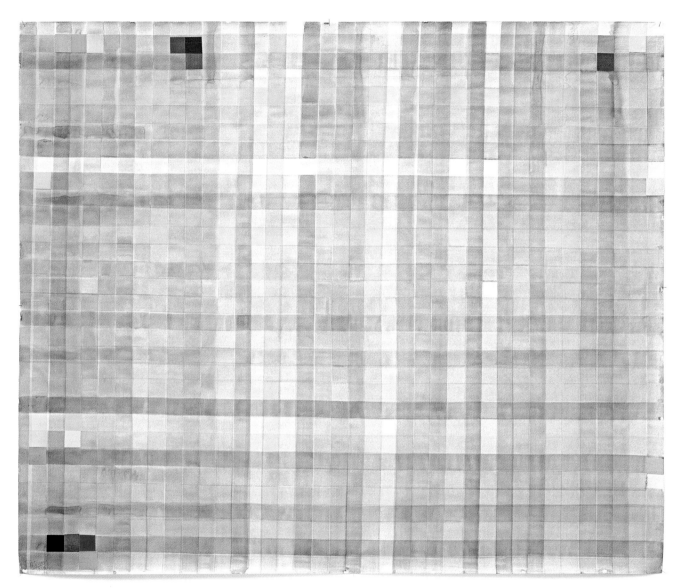

Peter Mell *Tibet, 2001*

Peter Mell *Tibet, 1990*

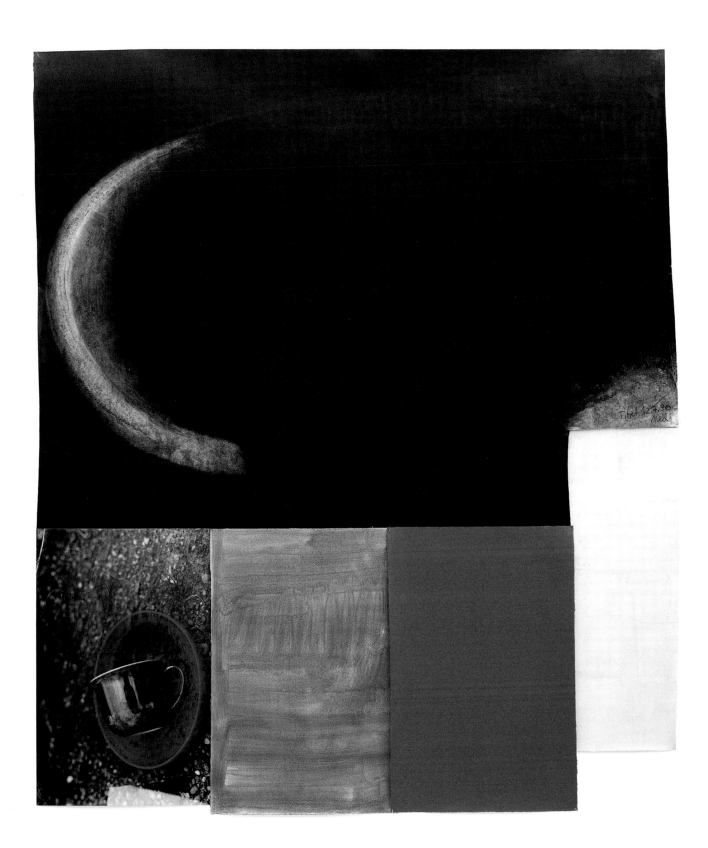

DER WEG

DAS SIND AN DIE 70 ODER 50 AQUARELLE

IM PAPIERFORMAT 108 MAL 78 CM

ER BEGINNT PONG PONG PONG

ROT BLAU GELB

DAS ENDE IST DÄMMERUNG

DUNKEL

SCHWARZES LICHT

DAS HERSTELLEN DER MALEREI

GESCHAH

IM KONTROLLIERTEN RAUSCH

50 METER FARBE

AUFGEHEN DES MORGENLICHTS

LÄRMENDER VORMITTAG

BLINDHEIT

UNTER DER SENKRECHTEN SONNE

SPÄTNACHMITTAGSGLÜHEN

SOG DER ROTEN SCHATTEN

LANGES ROLLEN ZUR RUHE.

UNFESTE GESTALT

P. M. 9.8.1991

Peter Mell *Der Weg (Ausschnitt), 2001*

Stephan Berg **Vom Balancieren der Bilder**

Zu den Arbeiten von Silke Leverkühne und Peter Mell

Man darf das so sagen: Die Malerei ist wieder da. Nicht, dass sie je weggewesen wäre. Aber so lange ist es doch noch nicht her, dass man allgemein der Auffassung war, dieses Medium habe uns nichts mehr zu sagen. Als anachronistisches Projekt zeige es nurmehr seine eigene Erschöpfung. Die strukturelle Flachheit des Bildes verhindere einen wirklichen Kontakt zur Welt, seine mimetische Kraft sei angesichts neuer medialer Abbildungspraktiken obsolet geworden, und auch seine versuchte Autonomie habe sich in immer neuen Wiederholungen „letzter Bilder" zuende gemalt.

Etwa mit Beginn der 90er Jahre aber lässt sich eine gewisse Wende beobachten. Von einem neuen Boom zu sprechen, den es bezeichnenderweise auf dem Gebiet der Fotografie gab, verbietet sich schon angesichts der Kurzfristigkeit, die Booms im Allgemeinen eignet. Aber langsam und beharrlich hat sich das Medium Terrain zurückerobert. Und zwar nicht nur da, wo es sich wie etwa im Werk Bernard Frizes selbstkritisch, im Sinne einer Bildproduktion befragte, in der Malerei gerade aus dem Akt des Nicht-Malens entstand, sondern durchaus auch dort, wo Malerei antrat, ihr Medium aus seiner „Eigentlichkeit" heraus zu begreifen, beispielsweise dokumentiert in Ausstellungen wie dem *Abenteuer der Malerei* in Düsseldorf und Stuttgart.

Und siehe da, es zeigt sich, dass Malerei durchaus noch fähig ist, den heutigen Diskurs mitzugestalten, vorausgesetzt sie kann deutlich machen, dass sie ihre Malanlässe aus dem Hier und Heute und nicht aus einer nostalgischen Flucht in die wärmenden Tiefen der Malereigeschichte gewinnt. Der kategorische Imperativ dabei lautet: Nichts von dem vergessen, was das Medium in seiner langen Geschichte geleistet hat, und alles tun, um diesen gewaltigen Fundus in ein produktives Verhältnis zur Gegenwart und ihren spezifischen Anforderungen zu bringen.

Eben das gilt für die beiden Positionen, die es hier zu verhandeln gilt: Der Glaube daran, dass sich die Malerei im Bild erfüllen kann, gepaart mit Reflexion, Beharrlichkeit und der Suche nach einem Bildstatus, der sich in einem ausbalancierten „Dazwischen" befindet: Gleichweit entfernt von dem naiven Glauben Welt einfach in Bild übersetzen zu können,

47

aber auch von der pessimistischen Annahme einer völligen Zerfallenheit und Unvermittel-barkeit des Bildes. Im Werk von Silke Leverkühne und Peter Mell halten sich erkennbar emotionale Beteiligung und analytische Distanzierung die Waage. Dass heißt nun nicht, dass sich beide Positionen über einen Leisten schlagen ließen. Die Verwandtschaft zwi-schen beiden ist vielmehr als Fundament zu begreifen, auf dem sich die Differenzen zwi-schen beiden Haltungen nur umso deutlicher abzeichnen.

Die Malerei Silke Leverkühnes entsteht seit jeher aus der Auseinandersetzung mit dem Gesehenen, zielt aber dabei immer auch auf ein strukturell-abstrahierendes Moment. Die-ses analytische Interesse wird schon in den Arbeiten der Jahre 1982-84 erkennbar, in denen gegenständliche figurative Szenen durch strenge geometrisierende Architektonisierungen des Bildraums austariert werden. Die Abwendung von einer klar dechiffrierbaren Gegen-ständlichkeit vollzieht sich Ende der 80er Jahre in den „Orvieto"-Bildern. Der Malerin gelin-gen hier kompakte Malstücke, die vom italienischen Licht und den aus schwarz-weißen Mauerlagen gebauten Domen in Siena und Orvieto beeinflusst wurden. In ihnen erscheint die Architektur jeweils immer nur so ausschnittweise, dass sich keine direkt identifizier-bare Gegenständlichkeit mehr ergibt. Andererseits werden die auf Ecken, Nischen, Sockel und Vertiefungen zielenden Ausschnitte so gewählt, dass der Weg zu einer völlig abstrak-ten Farbgeometrie ebenfalls verstellt ist. Im weitestgehenden Sinn sind diese Bilder dabei nicht Bilder über Architektur, sondern selbst Bildarchitektur: Gebaute Bilder, die ihren Bau-stoff aus dem Gesehenen gewinnen, und mit Hilfe der verwendeten Eitempera-Farben eine kreidig-staubige Farbigkeit erzeugen, die sich mit dem flirrend-diesigen Licht Italiens, aus dem diese Architekturen stammen, stimmig parallellisiert.

In den Wolkenbildern, die ab 1995 entstehen, und den neuesten Bildern, die das indus-trielle Umfeld von Kraftwerken, Fabriken und Salzlagern ausloten, sind all die Momente, die diese Malerei bisher kennzeichneten weiter enthalten, aber in Form einer noch größe-ren Freiheit und Souveränität der Bildsprache. Wolken entpuppen sich dabei als geradezu ideales Motiv für die Malerin, können sie doch gleichermaßen gegenständlich, wie auch völlig abstrakt gelesen werden. Wiederum steht der Natureindruck am Anfang der Bilder. Aber dann gehorchen sie ihrer eigenen Logik und erschaffen sich aus gebremst expressiv-gestischen Pinselstrichen, die aus Farbfetzen fast skulpiert wirkende Farbblöcke schicht-en, deren Kompaktheit gleichzeitig durch die faserige, nervöse Energie des Pinsels, wieder durchscheinend, flach und flüchtig erscheint. So wird die passagere, momentgebundene Präsenz der Wolkengebilde auf eine fast paradoxe Art einerseits dementiert und anderer-

48

seits befördert. Was als verdichtete, dauerhafte Bildarchitektur erscheint ist immer auch gleichzeitig von diaphaner Fragilität und umgekehrt.

Grundsätzlich beobachten wir zwei Typen von Wolkenbildern. Bei den einen dominiert ein roséfarbener, bei den anderen ein blaugrauer Grundton, so, als wären hier barock-südlicher Überschwang gegen nordische Nüchternheit gesetzt. Insbesondere in den rosa-orange durchzogenen Wolkenpanoramen steckt ein nicht zu übersehender Reflex auf die kunsthistorischen Horizonte der Barockmalerei. Diese Parallele ist von der Künstlerin durchaus beabsichtigt. Sie schafft sozusagen die Fallhöhe, von der aus die Malerin kenntlich machen kann, dass sie malerische Vergangenheit nicht benutzt, um sich ihr anzuverwandeln, sondern um den Abstand zu ihr zu markieren. Denn in der trockenen Farbigkeit ihres Eitempera-Auftrags nimmt sie den Wolkenstücken jegliche glorifizierende, mögliche transzendentale Aufladung. Die verwendeten Farben rosa, orange oder gelb emanzipieren sich von Stimmungs- und Bedeutungsträgern zu farbigen Pinselspuren, die völlig mit sich identisch sind, und auf nichts ausserhalb ihres eigenen Farbausdrucks hinauswollen. Aus dem himmlischen Gewölk wird eine souveräne kompositorische Investigation, ein malerisch hochspezifischer Balanceakt zwischen Bildverdichtung und Bildzerfall.

Die neuesten Arbeiten, in denen sich Fabrikschlote, Kräne oder Kühltürme vom unteren Bildrand her in den scheinbar wolkigen Himmel schieben, treiben das in den Wolkenbildern angeschlagene Thema konsequent weiter, und hintertreiben dabei die mögliche Auratisierung des Bildthemas allein schon durch den realen Hintergrund ihrer Wolkenformationen. Denn was sich hier weißgrau und wattig auftürmt, ist nichts anderes als der giftige Qualm aus Fabrikschloten. Die himmlische Erhabenheit wird buchstäblich auf den Boden unserer verunreinigten Alltagssphäre gebracht. Das heißt nicht, dass sich in diesen Bildern politische Statements verbergen. Im Gegenteil: Auch hier geht es im Kern immer um eine malerische Aufgabe, die Genese des Bildes als eigene Realität. Die Anbindung an gegenständliche Details ist dabei nicht als Rückschritt gegenüber den Wolkenbildern zu bewerten. Vielmehr erhöht die Malerin so die Spannung in der Komposition. Wie konstruktive Reste ragen die Kamine in das farbig bewegte Nichts schnell ziehender Farbfelder und Flecken, Fühlern gleich, die aus dem Realraum in die Sphäre des Bildes vorgestossen sind und sich dort nun seiner Autonomie ausliefern, in der sie aber nicht vollständig untergehen. So gelingt das Bild als Hinweis auf seine Erd- und Dingverbundenheit, dem es sich andererseits so weit entzieht, dass es nicht in ihr gefangen bleibt.

Anders als Silke Leverkühne hat Peter Mell den Weg zur Farbe und der Malerei über die

Zeichnung und jahrelanges Arbeiten in schwarz-weiß gefunden. Der aus Thüringen stammende Künstler beschäftigt sich in den 70er und frühen 80er Jahren mit existentiellen Themen, die von einem dunklen, melancholischen Ton grundiert werden. Ähnlich wie bei Leverkühne verliert sich der gegenständliche Impuls, der diese Zeichnungen kennzeichnet, ab etwa 1988 zunächst weitgehend, kehrt aber Anfang der 90er Jahre auf eine sehr zurückhaltende, subtile Weise wieder zurück.

Die Entdeckung der Farbe geht Hand in Hand mit einer anfänglichen Beschränkung auf die drei Grundfarben gelb, rot und blau. Diese Entscheidung hat, wie Mell selbst ausführt, durchaus mit einer anfänglichen Unsicherheit gegenüber der Farbe zu tun. Die drei Farben werden soetwas wie ein Fundament, eine Plattform, von der aus sich die Expeditionen in die Tiefen komplexer Farbwelten planen lassen. Es ist insofern kein Zufall, dass Mell als Kernstück seiner Ausstellung in Wolfenbüttel die Arbeit zeigt, mit der diese Erkundung der Möglichkeiten der Farbe ihren frühen Höhepunkt gefunden hat.

Der Weg aus dem Jahre 1987/88 umfasst knapp sechzig mittelformatige Blätter, vorwiegend in Aquarelltechnik, die leicht überlappend gehängt eine über 46 Meter lange Farbstrecke ergeben. Im Abschreiten dieser Blätter begibt sich der Betrachter auf eine Farbreise delikatester Töne und Nuancen voller poetischer Allusionen. Wiewohl die Blätter nichts anderes als Farbe tragen: völlig abstrakt, etwa im Sinne eines distanziert-theroetischen Farbmodells, wirken sie nicht. Das liegt nicht nur an der direkten körperlichen Beziehung, der emotionalen Beziehung, die sich zwischen Bildverlauf und Betrachter aufbaut.

Tatsächlich ist auch der Entstehungshintergrund der Arbeit alles andere als abstrakt, denn dieser Weg ist auch eine Verdichtung der Tagesabläufe, die Mell zwischen Morgendämmerung und tiefer Nacht erlebt hat. Die Farben werden so zu einer Art Essenz unterschiedlichster Lichtstimmungen, zu einem Kondensat, in dem sich das Gesehene, das Gefühlte und das Gedachte gleichermaßen wiederfinden. Das Wichtigste an dieser Arbeit ist der Ablauf, der Verlauf, und der fast musikalische Rhythmus, der sich daraus ergibt. So wie das Einzelne dabei zum Teil des Ganzen wird, ohne als Einzelnes unwichtig zu werden, geht auch das Einzelblatt in die Summe der Blätter über, ohne seine Identität als Einzelnes völlig aufzugeben.

Das Ganze geschieht mit einem sicheren Gefühl für das spezifische Maß, das dem Einzelnen, wie dem Ganzen zukommt. Theoretisch ließe sich die gesamte Strecke der Farbblätter zwar noch erweitern, aber nicht ins Uferlose. Sowohl der programmatische Anfang mit den erwähnten Grundfarben gelb, rot und blau, wie auch das nachtblau verschattete

Ende des Farbparcours signalisieren die Pole zwischen denen sich eine partielle Erweiterung denken ließe.

Dieses Maßhalten, sich an Maßen orientierende Suchen nach Ausbalancierung des Bildes in ein spannungsvolles Gleichgewicht kennzeichnet auch die nahezu drei mal fünf Meter messende Arbeit *Tibet* aus dem Jahre 1991, in der die hellgelbe, durchscheinende Farbfläche, die den größten Teil der Bildfläche ausfüllt, durch dunkle Farbrechtecke im oberen linken Bilddrittel einerseits dramatisiert, andererseits aber auch gefasst und damit beruhigt wird. Die in der Intensität der Farben spürbare Emotionalität erscheint gebremst durch die elementare geometrische Struktur, aber auch durch den Bildträger, simple Lastwagensegeltuchplane, deren Ösen, in einem Akt lapidaren Pragmatismus´ zur Befestigung des Bildes an der Wand benutzt werden. Der Titel der Arbeit ist genauso ambivalent, wie das Verhältnis zur Gegenständlichkeit, das in Mells Werk sichtbar wird. Nicht illustrativ, verweist er gleichwohl auf eine Haltung: Tibet nämlich heißen alle Bilder Mells, solange, wie Tibet kein freies Land ist. Das heißt auch, dass wir es bei Mells Arbeiten zwar nicht mit politischen Bildern sehr wohl aber mit Bildern eines politischen Menschen zu tun haben.

In den neuesten Bildern, die aus diesem Jahr stammen, ist die archaische Wucht früherer Arbeiten deutlich aufgebrochen. Es sind quadratische Papierarbeiten, die von einem weißbläulich-blassen, nur andeutungsweise räumlichen Gitterraster durchzogen sind, in deren quadratischen Leerstellen die Farbe so intensiv leuchtet, als wolle sie aus dem Bild heraus. Auch in ihnen zeigt sich die Wichtigkeit des Maßes und der Maßstäblichkeit, aber stärker noch als die Vorgänger verweisen sie auf eine musikalische rhythmische Struktur, die ihnen zugrundeliegt. Farbquadrate werden zu Tonleitern im Gittergeflecht der malerischen Struktur, zu Synkopierungen und Kadenzen, die bei aller Bewegtheit doch immer eingebettet bleiben in den nicht umsonst quadratischen und insofern statisch ausbalancierten Bildplan. Der Rhythmus, der sich hier verwirklicht, zielt nicht auf Eruption und (Zer)Störung. Es ist eine auf den harmonischen Ausgleich zwischen Tiefe und Fläche, zwischen Struktur und Auflösung gerichtete Farbmodulation, der es gelingt ihre physische Basis begreifbar zu halten und sie gleichwohl in ein nur ihr allein gehörendes Farblicht zu verwandeln.

Sabine Baumann **EINZELGÄNGER**

II. Internationale Sommerakademie für Bildende Kunst

Die Stipendiaten

Aus insgesamt 50 Anmeldungen wurden 20 Teilnehmerinnen und 2 Teilnehmer von einer dreiköpfigen Jury ausgewählt. Das Gros der Stipendiaten, die aus verschiedenen Regionen Deutschlands kamen, arbeitet als freischaffende Künstlerinnen und Künstler. Einige von ihnen sind zusätzlich selbst in der Lehre tätig, in jeweils unterschiedlichen Zusammenhängen.

Drei ganz junge Teilnehmende streben eine künstlerische Ausbildung, ein Studium an einer Kunstakademie, an – sie standen am Anfang ihrer Auseinandersetzung mit Malerei. Die Heterogenität der Gruppe zeigte sich auch in der Altersstruktur, sie erstreckte sich über ein Spektrum von 18 bis 66 Jahren.

Das Thema

Ich habe nie geglaubt, dass die Malerei tot wäre, und ich denke, dass es noch große Möglichkeiten für die Malerei gibt. Ich denke, dass die Malerei noch an ihrem Anfang steht, besonders der Realismus. Was ich das realistische Verfahren nenne, ist voller Möglichkeiten, und auch abgesehen davon ist die Malerei zu reich und zu komplex, um jemals am Ende zu sein. Es wird Veränderungen geben. Und ich weiß, was normalerweise mit „die Malerei ist tot" gemeint ist. Es scheint eben, als wäre alles schon gemacht worden und als wären alle Sonnenuntergänge gemalt, so dass es keine große Herausforderung ist, das nochmal zu machen. Aber ich glaube nicht, dass es so ist. Ich meine, dass es immer neue Dinge zu finden gibt. Robert Ryman

Licht und Farbe. Farben sehen und Licht finden.

Unter dem Titel *Malerei... die nicht endende Notwendigkeit von Malerei* wurde die Sommerakademie im Ausschreibungstext des Werbefaltblattes angekündigt. Das eigentliche Thema während der zweiwöchigen Arbeit widmete sich den beiden Begriffen Licht und Farbe. Zwei Begriffe, die sowohl für die Malerei als auch deren Geschichte eine wesentliche Rolle spielen. Licht ist die Voraussetzung für die Farbe als auch für deren Wirkungsmöglichkeiten – eines der zentralen Gestaltungsmittel, wenn nicht gar das eigentliche der Malerei. Licht und Farbe sind auch zwei Begriffe, die für die Malerei der beiden Lehrenden wesentlich sind, jeder für sich, wenn auch in unterschiedlicher Weise, Ausprägung und Intensität.

   In ihrer Arbeit verfolgen Silke Leverkühne und Peter Mell zwei unterschiedliche Wege, um zu einer Bildfindung zu gelangen. Leverkühne geht von einem gegenständlichen Anlaß aus, der der Bildvorstellung dient, jedoch mit dem Ziel der Autonomie des Bildes vor Augen.

Sie ahmt dabei die Wirklichkeit nicht nach, sondern entwirft diese in dem malerischen Prozess mittels der Erkundung der Wirkungsmöglichkeiten der Farbe immer neu. Mell dagegen bewegt sich zwischen Gegenständlichkeit und Ungegenständlichkeit, Abstraktion, Natur, Architekturelementen, gebaute Lichtlandschaften, reinen Farbflächen und Farbklängen, ausgehend von seinen inneren Bildern, seinem „inneren Komposthaufen" wie Mell sie selbst nennt. Deren Quellen sind jedoch in der äußeren Wirklichkeit und in Mells eigenen Erfahrungen zu finden.

Diese beiden skizzierten Wege in der Arbeit der beiden Lehrenden bildeten die Ausgangsbasis der zweiwöchigen Lehre.

Das Programm

Die Eröffnung der Ausstellung *Silke Leverkühne · Peter Mell · Malerei* im Kornspeicher der Herzog August Bibliothek war zugleich der Beginn der Sommerakademie. Der Niedersächsische Finanzminister eröffnete die Ausstellung und ging u.a. in seiner Rede auf die positive Bedeutung dieses Projektes für die Region ein und hob die Bundesakademie mit ihrer inhaltlichen Tätigkeit hervor, die als kulturell ausstrahlende Einrichtung für die Stadt Wolfenbüttel und die gesamte Region positiv imagebildend wirke. Dr. Stephan Berg, Direktor des Kunstvereins Hannover, hielt die Einführungsrede in die Ausstellung, wobei er zu Beginn kurz auf die aktuellen Tendenzen zur Malerei in der zeitgenössischen Kunst einging.

Begleitet wurde die Werkstatt, wie es das Konzept zur Sommerakademie vorsieht, von zwei weiteren öffentlichen Veranstaltungen zur Thematik Malerei: An einem Abend stellte Franz Ackermann seine künstlerische Arbeit und seinen Ansatz vor und Dr. Michael Glasmeier hielt einen Vortrag mit dem Titel *Malerei heute*. Beide Vorträge waren zugleich auch als Impuls und Anregung für die eigene künstlerische Auseinandersetzung der Stipendiaten gedacht. Die Präsentation der Ergebnisse im Kornspeicher und das anschließende Sommerfest im Schloß bildeten den Abschluß der Sommerakademie.

Neben diesem „offiziellen" Programm war ein umfangreiches Angebot an verschiedenen Aktivitäten vorbereitet, das die Stipendiaten fakultativ wahrnehmen konnten: Freitag, 29. Juni *Ein sommernächtliches Konzert der Sprachen*. Ein Abend mit Dichtern, Gedichten und ihren Übersetzern (Eine besondere Veranstaltung des Fachbereichs Literatur im Rahmen der 2. Wolfenbütteler Übersetzergespräche). Samstag, 30. Juni Stadtrundgang durch Lessings Wolfenbüttel mit Andrea Ehlert, der Presse- und Öffentlichkeitsreferentin der Bundesakademie; Dienstag, 3. Juli Führung durch die Herzog August Bibliothek unter besonderer Berücksichtigung der Malerbuchsammlung mit der Restauratorin Frau Tina Tecklenburg; Donnerstag, 5.Juli Besuch der Gemäldesammlung des Herzog Anton Ulrich Museums Braunschweig und der Ausstellung Franz West im Kunstverein Braunschweig.

Der Ablauf

Sowohl als Einstieg in die Farbe als auch als Hilfe am Ort der Sommerakademie anzukommen, diente eine Farbübung, die bereits Johannes Itten als Grundlagenübung in seiner Bauhauslehre verwandte: 16 oder 25 Quadrate farblich so zu gestalten, dass sie als har-

monisch empfunden werden. Die Ergebnisse wurden im Garten nebeneinander ausgelegt und gemeinsam besprochen. Sie zeigten die Unterschiedlichkeit der Farbempfindungen und verdeutlichten wie groß die Spannbreite von harmonischen Farbklängen sein kann.

Sozusagen als Katalysator für die Arbeit der folgenden zwei Wochen wurden die beiden Begriffe Schwere und Leichtigkeit genannt. Nach den ersten Studien dazu haben einige der Teilnehmenden dieses Thema weiterverfolgt und diesen Aspekt in ihre eigene Arbeit integriert, während andere sich mehr oder ganz davon lösten und sich allein in ihren Arbeiten dem übergeordneten Thema Licht und Farbe widmeten. Bei allen Stipendiaten stand während der zweiwöchigen Arbeit die Prozesshaftigkeit, die Weiterentwicklung der

eigenen künstlerischen Arbeit im Vordergrund, obwohl allen die öffentliche Schlußpräsentation der Ergebnisse bewußt war.

Wesentlich für das Konzept und die pädagogische Arbeit in den zwei Wochen waren insbesondere folgende Aspekte: ein Gesamtthema zu formulieren, das genügend Frei- und Spielräume läßt, nah an der individuellen künstlerischen Arbeit zu bleiben; im Begleitprogramm anregende, unterschiedliche und kontroverse Aspekte reflektieren zu können; eingefahrene Sehgewohnheiten zu durchbrechen, das eigene Sehen und seine Wahrnehmung zu schärfen; in der künstlerischen Arbeit seiner Intuition nachzuspüren und dem eigenen Impuls zu vertrauen – und insbesondere Impulse für den weiteren künstlerischen Weg mitzunehmen.

Die in der Ausstellung präsentierten Arbeiten spiegeln die Hetereogenität der Gruppe wider: ob am Gegenstand, der realistischen Wiedergabe der sichtbaren Welt orientiert oder mit geometrischen Formen, Farbräumen oder systematischen Farbfelduntersuchungen auseinandersetzend – egal welche Herangehensweise, welche Umsetzung der eigenen künstlerischen Idee oder welche Technik gewählt wurde – alle Arbeiten zeigen eine intensive Leuchtkraft der Farben und zeugen von einer Bewußtheit für Farbe.

Gearbeitet wurde auf unterschiedlichen Papieren, wie Packpapier, Makulaturpapier, Filzpappe, hochwertige Papiere und Kartons sowie auf Leinwand. Dabei kamen zwei unterschiedliche Techniken zum Einsatz: Acrylfarbe oder Eitempera. Als Materialien standen Pigmente und die entsprechenden Bindemittel wie Acrylbinder, Leinölfirnis und Eier (insgesamt 150 Eier wurden „vermalt") zum Herstellen der Farben zur Verfügung. Zu den die Werkstatt begleitenden Arbeitsformen aus dem Ateliergebrauch zählten tägliche individuelle Einzelgespräche mit den beiden Lehrenden und gemeinsame Werkstattgespräche vor den entstandenen Arbeiten im Plenum. Tägliche gemeinsame Morgentreffen mit Impulsen unterschiedlicher Art wie Musik, Gedichte oder Texte sowie abendliche Filmvorführungen rundeten das Konzept und die Arbeit ab, wie die folgende detaillierte Zusammenstellung zeigt:

3. Tag · Donnerstag, den 28. Juni 01
9.30 Uhr „Morgentreffen"
Gedichte von Wislawa Szymborska aus: *Hundert Freuden,* 1996

59

4. Tag · Freitag, den 29. Juni 01

9.30 Uhr „Morgentreffen"

Charles Ives (1874-1954): *The Unanswered Question* (Stück von der CD)

5. Tag · Samstag, den 30. Juni 01

statt „Morgentreffen" – Stadtrundgang

20 Uhr: Vortrag Franz Ackermann

7. Tag · Montag, den 02. Juli 01

10 Uhr „Morgentreffen": Barocklyrik

Andreas Gryphius, *Gedichte (Threnen des Vaterlandes/Anno 1636, Morgen Sonnet)*

Catharina Regina von Greifenberg, *Gedichte* in: Sämtliche Werke *(Auf die fruchtbringende Herbst-Zeit, Von dem allerheiligsten Jesus-Blut-Schweiß und anderen Blutvergießungen Jesu)*, Karl Henssel Verlag Berlin

20 Uhr: Filmvorführung *Sunrise* von Friedrich Wilhelm Murnau, 1928

8. Tag · Dienstag , den 03. Juli 01

10 Uhr „Morgentreffen": Julia Ewerth spielt *Etüde* von J.B. Cramer

Gedichte von Lars Gustafsson, aus: *Gedichtband,* 1999

14.15 Uhr Gespräch in der Ausstellung mit den beiden Lehrenden insbesondere über das Licht in der Malerei in deren ausgestellten Arbeiten.

22.00 Uhr Kino- Spätvorstellung: Jane Mansfield in: *The Girl Can't help it*, Frank Tashlin 1958, „besonders wertvoll, lustig und ergreifend" (Peter Mell)

9. Tag · Mittwoch, den 04. Juli 01

10 Uhr „Morgentreffen":Edgar Varése (1883-1965) *Octandre* (1923) für sieben Bläser und Kontrabaß („schrill", Peter Mell); Gedicht: Alexander Herbeck, *Das Kamel* , 1982

20 Uhr Vortrag Dr. Michael Glasmeier zum Thema *Malerei in diesen Tagen*

10. Tag · Donnerstag, den 05. Juli 01

9.30 Uhr statt „Morgentreffen": Fahrt nach Braunschweig. Besuch des Herzog Anton Ulrich Museums und der Ausstellung Franz West im Kunstverein Braunschweig

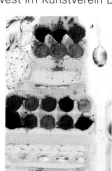

11. Tag · Freitag, den 06. Juli 01

10 Uhr: „Morgentreffen": Musik *Café Brasil*

Textpassage aus: *Lotterie in Babylon* von Jorge Luis Borges, 1974

12. Tag · Samstag, den 07. Juli 01

10 Uhr „Morgentreffen": *Allegro assai con spirito* aus: Symphonie No. 26 in D minor
Lamentatione von Joseph Haydn

14. Tag · Montag, den 09. Juli 01

10 Uhr „Morgentreffen": Colon Nancarrow, *Studies for Player Piano Nr. 48a* (1912)

Orte, Räume und Atmosphäre

In der zweiwöchigen Sommerakademie wurde das gepflegt, was wir unserer Arbeit immer
voran stellen – und das ist das akademische Leben. Leben und Arbeiten, Reden, Lesen,
Hören, Sehen und alles an einem Ort und zugleich an so besonderen Orten wie der alten
Schünemannschen Mühle – dem Gästehaus mit dem Foyer als Vortragsort, dem älteren
Schloß Wolfenbüttel mit den Werkstätten und Seminarräumen in unmittelbarer Nähe der
weltberühmten Herzog August Bibliothek und des Lessinghauses.

Die gesamte untere Etage der Akademieräume im Schloss mit Cafeteria, Terrasse und
angrenzendem Garten stand den Stipendiaten zum Arbeiten, Denken, Diskutieren, Ausruhen und zum Feiern, beispielsweise bei einem „Grillabend", zur Verfügung.

Zwei Wochen Zeit, fernab vom Alltag sich intensiv auf seine Arbeit und ein Thema
zu konzentrieren, im Dialog mit den beiden Lehrenden und im Gespräch mit den anderen
Stipendiaten, sich künstlerisch sowohl praktisch und reflektierend auseinanderzusetzen –
eine enorme Chance, wenngleich ein nicht immer leichter Prozess mit Hoch- und Tiefpha-

63

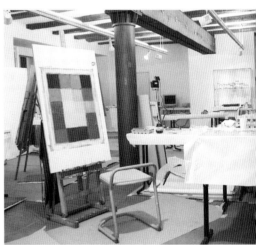

sen, Krisen, Spannungen und Gefühlen, die jedoch für die Intensität der Auseinandersetzung mit der eigenen künstlerischen Arbeit sprechen.

Abschluß

Die Sommerakademie EINZELGÄNGER fand ihren Abschluß mit der Präsentation der entstandenen Ergebnisse, die in einer Ausstellung im Kornspeicher der Herzog August Bibliothek gezeigt wurde. Reinhard Scheibe, Vorstandsvorsitzender der Niedersächsischen Lottostiftung, der Stiftung, die das diesjährige Projekt finanziell förderte, übernahm die Eröffnung der Ausstellung. Der Eröffnungsbeitrag der Stipendiaten wie auch die Einführungsrede zu den entstandenen Arbeiten und dem Verlauf der Sommerakademie verdeutlichten die Präsenz und die Bedeutung der Kunstgattung Malerei.

Die Malerei vermag den „schönen" Augenblick zu dehnen und zu halten – „Jetzt", „Immer", „Alles", „Ein", „Du". Malerei als Möglichkeit im Dazwischen, als Mittel – Gegenwart. Nahe sein, Abstand nehmen, berühren, respektieren, hinschauen, wegsehen, teilnehmen, loslassen, der Welt auf erotische Art und Weise begegnen. Die Malerei zeigt dieses Verhältnis des Malers zur Welt. Der Maler wähnt sich bei seiner Tätigkeit in der Wüste; und er weiß aus Erfahrung, dass es sich bei seiner Vorstellung vom Bild um eine Fata Morgana handelt. Das Bild ist nicht sein Ziel. Die Malerei findet in der Oase statt, am Ort des farbigen Geschehens, dort wo alles „nass in nass fliesst". Hier taucht der zuversichtliche Maler seine Vision gegen eine schlussendlich trockene Malkruste. Die Malerei misst den Abstand zwischen uns und der Welt, lässt uns hungern und geniessen zugleich.
Stephan Gritsch

Mit einem wunderschönen Sommerfest im Schloß fand die Sommerakademie einen würdigen Abschluß. Gefeiert wurde im Anschluß an die Präsentation in den umgebauten Werkstatträumen, auf der Terrasse und im Garten – mit Essen, Trinken, intensiven Gesprächen sowie Disco mit DJ Andrea Ehlert bis in die Morgenstunden hinein.

Franz Ackermann **Mental Maps und Evasions**

Zu seiner Arbeit, seinem Konzept und seiner Arbeitsweise

Vortrag am 30. Juni 2001

Zwei Aspekte bestimmen im wesentlichen meine Arbeit: Zum einen arbeite ich auf Reisen hauptsächlich auf Papier; kleinformatige Aquarelle und Zeichnungen, ich nenne sie „Mental Maps". In ihrer Abbildhaftigkeit changieren sie zwischen einer Art psychisch-kartographisch-abstrahierten Zeichenebene und detailtreuen „realistischen" Gegebenheiten... Zum anderen arbeite ich im Atelier, ganz „seßhaft" an zum Teil sehr großformatigen Ölbildern, „Evasion", „Helicopter"... Vor Ort, vor der Leinwand werden, durch Erinnerungen und Erfahrungen gespeißt, Landschaften, Topographien, städtische Situatioen etc. „nachgebaut".

Franz Ackermann, Juli 2001

Harald Fricke **Stadt ohne Legende** *

Zu den Arbeiten von Franz Ackermann

„... ein Großteil der Arbeiten von Franz Ackermann entsteht unterwegs, in Hotelzimmern, also an keinem bestimmten Ort, und ist doch untrennbar mit jenen Städten verbunden, die weltweit Zentren bilden. In der Aufzählung liegt bereits der Weg: Hong Kong, Manila, Bangkok, Hanoi, Peking, Moskau, Berlin, New York, L.A., demnächst auch Sao Paolo und Mexiko-Stadt... Die Serie ließe sich beliebig fortsetzen, bis irgendwann einmal alle Punkte auf der Weltkarte markiert sind – wie auf einem umgrenzten Terrain, das entfaltet selbst wieder dem rechteckigen Feld, der Leinwand, ähnelt. Man muß immer an einem Punkt anfangen, und zunächst ist die Verbindung zwischen zwei Orten nichts anderes als ein Strich auf einem Blatt Papier.

Dann aber fällt es immer schwerer, sich in den nervösen Mustern, Linienfolgen und getuschten Flächen zurechtzufinden. Beim ersten Betrachten mag man die kleinformatigen Aquarelle und Gouachen für Studien halten, als Ausgangspunkt des noch zu ordnenden Materials, so wie Skulptur, Gemälde oder Installation eine gewisse Vorarbeit und Recherche

69

benötigen. Auf keiner der in den letzten fünf Jahren entstandenen *Mental maps* erkennt man jedoch jene Städte wieder, die Ackermann zuvor bereist hat. Stets scheint das rote Straßennetz zu zerfasern, überlagern sich die sonst auf Plänen fein getrennten Grün- und Industriebereiche, wirken die eingemalten Gebäudekomplexe oder als variable Leerstellen eingeklebten Pflasterstreifen nunmehr wie willkürliche Staffage. Das macht unsicher, und in der Verunsicherung glaubt man sich vor den Zeugnissen der ausufernden, obsessiven Spurensuche des Künstlers wappnen zu müssen – erinnert das chaotische Geflecht nicht eher an die Wahngebilde der Prinzhorn-Sammlung, in deren besessener Liebe zum unendlich verzweigten Ornament sich die Unfähigkeit artikuliert, eine klare Grenze zwischen dem Innen und dem Außen ziehen zu können?

Natürlich läuft jeder, der reist, Gefahr, unterwegs verloren zu gehen. Franz Kafka etwa mochte das Reisen mit der Bahn, weil es ihn aus seiner vergrübelten Gedankenwelt riß, wie er am 31.7.1917 in sein Tagebuch schrieb: *In einem Eisenbahnzug sitzen, es vergessen, leben wie zu Hause, plötzlich sich erinnern, die fortreißende Kraft fühlen, Reisender werden... Schärfer zugeschnittene Situation: Vergessen, daß man vergessen hat, mit einem Schlage ein im Blitzzug allein reisendes Kind werden...*[1] Bei Kafka halten sich Triumph und Ohnmacht angesichts der Geschwindigkeit noch in der Waage, während Futurismus und Situationismus gerade die Auslöschung des Subjekts im Fortschritt der Beschleunigungstechniken suchen. Aber die Metapher des Reisens bleibt fortan erhalten – selbst in der Praxis des Internet, wo die permanente Bewegung Kommunikation bedeutet (so hat Paul Virilio darauf hingewiesen, dass der Begriff „Diskurs" auf das lateinische discurre – hierhin und dorthin laufen – zurückgeht).

Franz Ackermann reist also mit dem Flugzeug nach New York, geht zu Fuß über den Petersplatz in Rom, nimmt die Bahn nach Zürich oder Krakau, und sucht überall nach Erinnerungsbrocken. Plötzlich verdichtet sich ein Knäuel aus Straßen zum Adernetz und wird doch weitflächig mit hellgrauer Tusche kontrastiert. So könnte man das Bild einer asiatischen Boomtown, das Ackermann entwirft, als Gegensatz digitaler Kommunikationswege und aggressiver Zeichengebung durch Banken und Kaufhäuser interpretieren. Letztlich bleibt er dieser konkreten Übersetzung gegenüber mißtrauisch: *Es interessiert mich dabei die Fragestellung, in wieweit sich heute noch Wirklichkeit aneignen und transformieren läßt (z.B. in ein Kunstwerk), ohne vorhandene, hochkomplexe Gestaltungsmechanismen auszuklammern, bzw. zu negieren. So sind z.B. in allen Stätten, die ich besuchte, die Errungenschaften der Moderne vor mir angekommen – und geblieben, was wohl dazu führte, sich in der Ferne manchmal heimischer zu fühlen als Zuhause.* [2]

Für den künstlerischen Ansatz, der weder Erfahrung noch Tourismus scheut, haben sich seit der Land-Art diverse Spielarten von Site-Specifity bis hin zum nomadischen Künstler als „Migrateur" gefunden. [3] Es wäre allerdings völlig unangemessen, Ackermann als einen Migranten zu nennen. Dieser leichtfertigen Analogie liegt eine falsche Dramatisierung des Künstlers als Globetrotter und zugleich eine Bagatellisierung realer Migration zugrunde: Worin sollte sich das frei flottierende Gruppenausstellungswesen mit den Flüchtlingsströmen in Asien, Bosnien oder Lateinamerika vergleichen lassen?

Anders als in Roland Barthes symbolhafter Verklärung Tokios im Zeichenkitsch von *Sans Soleil* ist für Ackermann deshalb eine Konzentration auf reale Orte notwendig, die seine Sichtweise in den Vordergrund hebt. *Hoch über Bad Reichenhall*, das ist vor allem das zentralperspektivisch in einer graubraunen Schlucht erscheinende weiße Feldergewirr. Dieser Blick auf die Stadt und ihren Plan nimmt die von Michal Butor formulierte Textualität wieder auf, die mit einem Grad der Verschriftlichung des städtischen Raumes wächst: *Das grüne Licht an der Kreuzung sagt uns, daß wir die Fahrbahn überqueren können, der Pfeil, dass wir abbiegen müssen, der weiße Balken auf der roten Scheibe, dass diese Richtung verboten ist. Ein Ideogramm zeigt den Weg zu einem bestimmten Gebäude; ein Denkmal, das wir am Ende einer Straße erblicken, macht uns begreiflich, dass wir nach links gehen müssen, wenn wir zu unserem Hotel zurückkehren wollen.* [4] Bad Reichenhall erinnert dann an ein ausgewogenes Stillleben, bei Jakarta wird es zwangsläufig komplizierter. Manchmal muß sich Ackermann mit Werbebroschüren oder einer Vielzahl Postkarten davon überzeugen, dass seine Sichtweise mit der fremden korrespondiert – und sei es auch nur auf dem kleinsten gemeinsamen Nenner des auf beiden Seiten akzeptierten Klischees. Die *Mental Maps* sind in diesem Sinne eine abstrakt und zugleich ungeheuer diszipliniert ins Bild gesetzte Orientierung, ohne Legende. Das zunächst wirre Geflecht entpuppt sich als schwierige Balance zwischen dem über Jahrhunderte gewachsenen Regelwerk einer Stadt und ihrer rasch wechselnden äußeren Erscheinung: Civitas und Gestalt.

In der Darstellung von Urbanität sind Architekten und Künstler zu Konkurrenten geworden. Dan Graham oder Michael Asher entwerfen Gegenmodelle zum Funktionalismus des international style, während Architekten wie Zaha Hadid und Daniel Libeskind ihre Arbeit über Wahrnehmung definieren. [5] Im Gegensatz zur ästhetisch vermittelten Annäherung sozialer Aspekte des Bauens hat Vittorio Lampugnani zur Rückbesinnung auf eine Neue

Einfachheit der Modernität des Dauerhaften aufgerufen.

Der Konflikt wird von Franz Ackermann in seiner *Evasion*-Reihe aufgenommen und konterkariert. Der Tragweite des Widerstreits entsprechend sind die Gemälde großformatig, die Blaupausen erstrecken sich ironischerweise über ganze Ausstellungswände, so wird der Entwurf zum Pendant der Realität. Die Übertreibung geht mit seiner Grundannahme einher, dass sich die Architektur-Debatte allein auf die Gestaltung von Fassaden beziehe, dabei jedoch das von Mies van der Rohe oder Le Corbusier stammende Konzept des standartisierten Innenraums bedenkenlos übernehme. Gerade am Beispiel der Entwürfe Le Corbusiers für seinen *Plan Voisin de Paris* hatte zuletzt Beat Wyss nachgewiesen, wie sehr sich im Diktat des französischen Architekten der Mensch dem Zuchtgedanken im technokratischen Zeitalter hätte unterwerfen sollen.[6]

Ackermann begegnet der vorgeblichen Übersichtlichkeit mit einer vergleichenden Topographie, indem er auf seinen Blaupausen und *Evasions* öffentlichen Raum in der Darstellung enthierarchisiert. Sämtliche Gebäude erscheinen im gleichen Maßstab, ausschnitthaft und von dynamischen Farbfeldern umgeben, deren wuchernde Flächen die Bauten mehr erdrücken als hervorheben. Mehr noch, er fügt die architektonische Geschichte entlang der tragenden Symbole bloß noch als Veduten in einem ornametalen Reigen zusammen, weil es *nicht mehr genügt, Architektur bloß zu bestaunen oder wahrzunehmen, man muß sie in bezug zur sozialen Realität setzen.*[7] Die Gleichwertigkeit unterschiedlicher Repräsentationsbauten auf einem Gemälde Ackermanns, das die Berliner Situation mit Siegessäule, Reichstag und sozialem Wohnungsbau der fünfziger Jahre kommentiert, eröffnet einen Zugang, bei dem die isolierte Darstellung von Architektur den Gegenstand zurück auf die Ebene subjektiver Erfahrung holt. Auch seine Arbeit zum Portikus geht auf das dem Gebäude eigene Paradox ein, gleichzeitig historisch und funktional zu wirken: Indem er den nachträglich hinzugesetzten Container umwidmet und statt dessen die Säulen mit einer idealen Parkbegrünung zum Bildgegenstand macht, betont er den Scheincharakter und die Künstlichkeit des ganzen Baus. Während der Säulengang dem Klassizismus entstammt, bildet der eigentliche Ausstellungsraum nur ein funktionales Aperçu.

Plötzlich erscheinen die Gebäude nicht mehr als Wahrzeichen, sondern wie Markierungen einer bestimmten Ideologie. Dann verwendet Ackermann für seine *Evasions* Architekturmodelle als Grundlage, deren Entwurf vielleicht nie realisiert wird, und setzt sie mit historischen Altlasten (in Berlin etwa der Palast der Republik) in Verbindung: *Anstatt nichts weiter als Beständigkeit zu sein, die gemäß denselben Formen ihre Repräsentation einteilt, drehen sie sich um sich selbst, geben sich ein eigenes Volumen, definieren sie einen inneren Raum, der für unserer Repäsentaiton außerhalb liegt.*[8] Die Kritik an der Stadtplanung, wie sie Franz Ackermann befördert, ist dem Konflikt zwischen dem urbanen Raum als kommunikativem Ort und gestalterischer Manövriermasse angemessen, weil sie auf Augenhöhe stattfindet. Indem er beide Einflußbereiche ernst nimmt, braucht er weder Kalkulation noch Ökonomie gegenüber Wunsch und Widerstand zu verdrängen. Oder umgekehrt. Vermutlich hat er diese Gelassenheit und Souveränität im Umgang mit dem Material bei seinem Asien-Aufenthalt gelernt. Immerhin werden in Schanghai derzeit 160 Wolkenkratzer realisiert, das ist mehr als das Achtfache des Bauvolumens am Potsdamer Platz."

* Katalog, 1999

1 Franz Kafka, Tagebücher. Frankfurt am Main 1974, S.520

2 Aus einer Projektbeschreibung von Franz Ackermann

3 Als Kurator am Musée d'Art Moderne de la Ville de Paris veranstaltet Hans Ulrich Obrist etwa eine Ausstellungsreihe unter dem Titel „Les migrateus"

4 Michal Butor, Die Stadt als Text. Graz 1992, S.9

5 Zur Architektur-Biennale 1996 beschrieb der kommissarische Leiter Hans Hollein in seinem Grußwort den Architekten gar als „Seismographen", der die Fähigkeit besitzt, „unterschiedliche Tendenzen und Trends in der heutigen Kultur zu bündeln." Die Folge: Im japanischen Pavillon wurde die Erdbebenkatastrophe von Kobe nachgestellt.

6 Beat Wyss, Der Wille zur Kunst – zur ästhetischen Mentalität der Moderne. Köln 1996, S. 192ff. Mit Le Corbusiers Zuchtgedanken beschäftigte sich auch die Ausstellung „Vergessene Zukunft" von Christian Phillip Müller im Kunstverein München 1992.

7 Aus einem Gespräch mit dem Künstler, 4.1.1997

8 Michael Foucault, Die Ordnung der Dinge. Frankfurt am Main 1971, S. 295

Michael Glasmeier **Malerei in diesen Tagen**

Vortrag am 4. Juli 2001

Was ist das Malerische? Es ist auch eine Geschichte, die sich selbst schreibt in Bildern, und dann eine Geschichte, die geschrieben wird. Während sich die Geschichte, die sich selbst schreibt – die Bildergeschichte – in Höhlen, Kultstätten, Privathäusern, Palästen, Galerien, Museen und Ateliers wohnt und als Dokument einer allgemeinen Geschichte, der Kunst- und Kulturgeschichte bis auf die Schäden der Zeit, des Bildersturms und der periodisch auftretenden Zerstörungswut bei sich selbst bleibt, geht die Geschichtsschreibung der Bilder selbst anders vor. Sie ordnet, sichtet, wertet die Spuren des Gemalten. Sie will Wissenschaft sein, die interpretiert und Zusammenhänge herstellt, die Vermutungen zur Gewißheit werden lassen. Sie bemüht sich um Objektivität in der Meinung, dass die pure Anwesenheit nicht ausreicht, da das Bewusstsein und das Bewusstmachen Faktoren menschlicher Existenz bewahrheiten.

Die Bilder selbst hingegen wollen zunächst als Bilder genommen werden. Sie wollen sich auf sich selbst berufen. Sie wollen in sich selbst ruhen und den Betrachter auffordern, in ihnen selbst zu sein. Mehr verlangen sie nicht. Solch' emanzipatorischer Charme, solch' schon fast anarchistische Eigensinnigkeit muss die Ungeduld der Betrachter heraufbeschwören. Sie wollen vielleicht mit einem Bild nicht allein gelassen werden, da es zu mächtig werden könnte, sich festsetzen könnte, und warten auf die berufenen Worte der Interpretationen. Einigen Interpreten gelingt es jedoch, wenn sie gut sind, eben jenes Alleinsein des Betrachters zu verstärken und die Eigenwilligkeit der Malerei zu potenzieren, indem sie stetig auf das verweisen, was noch nicht im Bild gesehen wurde oder werden konnte. So

wird das Gemalte nicht nur autarker, sondern wiederholt autarker, von Betrachtung zu Betrachtung, so dass es nicht ausgeschlossen bleibt, dass wir uns mit einem Bild lebenslänglich auseinandersetzen können. Dann ist der Idealzustand erreicht, etwa bei Heinrich von Kleist, der 1810 in den *Berliner Abendblättern* zu Caspar David Friedrich *Einsamen Mönch am Meer* schreibt: *Herrlich ist es, in einer unendlichen Einsamkeit am Meeresufer, unter trübem Himmel, auf eine unbegrenzte Wasserwüste hinauszuschauen. Dazu gehört*

75

gleichwohl, dass man dahingegangen sei, dass man zurück muss, dass man hinüber möch-
te, dass man es nicht kann, dass man alles zum Leben vermißt, und die Stimme des Le-
bens dennoch im Rauschen der Flut, im Wehen der Luft, im Ziehen der Wolken, dem ein-
samen Geschrei der Vögel, vernimmt. Dazu gehört ein Anspruch, den das Herz macht, und
ein Abbruch, um mich so auszudrücken, den einem die Natur tut. Dies ist aber vor einem
Bilde unmöglich, und das, was ich in einem Bilde selbst finden wollte, fand ich erst zwi-
schen mir und dem Bilde, nämlich einen Anspruch, den mein Herz an das Bild macht, und
einen Abbruch, den mir das Bild tat; und so ward ich selbst der Kapuziner, das Bild ward
die Düne, das aber, wohinaus ich mit Sehnsucht blicken sollte, die See, fehlte ganz. Nichts
kann trauriger und unbehaglicher sein, als diese Stellung in der Welt: der einzige Lebens-
funke im weiten Reich des Todes, der einsame Mittelpunkt im einsamen Kreis. Das Bild
liegt, mit seinen zwei oder drei geheimnisvollen Gegenständen, wie die Apokalypse da, als
ob es Youngs Nachtgedanken hätte, und da es, in seiner Einförmigkeit und Uferlosigkeit,
nichts, als den Rahm, zum Vordergrund hat, so ist es, wenn man es betrachtet, als ob
einem die Augenlider weggeschnitten wären. Auf ein gutes Bild trifft ein guter Betrachter,
der dann Interpret wird.

Ein schlechter Interpret nimmt das Gemalte lediglich zum Vorwand für eine Illustration
eigener Ideen. Für ihn ist das Gemälde vor allem Zeugnis der Existenz des Interpreten und
weniger Zeugnis der Existenz des Bildes. Er hat das, was er sagen will, schon im Kopf, be-
vor er das Bild überhaupt gesehen hat. Es illustriert lediglich den Text, und wie bei jeder
Illustration ist die Angelegenheit zwiespältig. Die Illustration mag zwar erhellend sein, da
sie den Text unterstützt, ihn unterbricht, um sich auf die Seite des Visuellen zu schlagen,
gleichzeitig ist sie jedoch immer auch enttäuschend, weil sie die Phantasie des Lesers, die
„Augenlider" Kleist' auf eine einfältigere Art beschneiden kann und ihn in dem Glauben
wiegt, es sei nun alles gesagt, weil abgebildet. Doch kann die Illustration auch prächtig
ausfallen und somit Gefahren für den Text mit sich bringen. Die Romanillustrationen des
18. und 19. Jahrhundert beispielsweise besitzen manchmal eine Kraft, die über den Dienst
an der Sache hinausgeht, zur eigenen Schöpfung jenseits des Textes werden und eine parallele Lektüre erlauben. Das gilt für den Bereich Kunstbuch etwa auch für Victor Stoichitas
1993 in Frankreich und 1998 in Deutschland erschienene Untersuchung *Das selbstbewuß-*
te Bild. Vom Ursprung der Metamalerei, obwohl oder besser weil die Abbildungen schwarz-
weiss sind. Dann trifft eine gute Illustration auf einen guten Text.
Denn ein abgebildetes Gemälde ist, sobald es sich zum Text gesellt, schon eine Illustration.

Sobald das Gemalte reproduziert wird, von der Wand sich verkleinert loslöst und seinen Objektcharakter verliert, flachgelegt wird gewissermaßen, gelangt es in den Status der Illustration, und selbst modernste Foto- und Drucktechniken können nicht verhindern, dass das Originäre nun mit seinem erbärmlichen Schatten hausieren geht. Das Flachgelegte erhebt sich nicht wieder. Es verlangt im Gegenteil, dass der Betrachter sich nun erhebt, um den ursprünglichen Ort des Bildes aufzusuchen, nicht nur um zu kontrollieren, was der Interpret herausgefunden hat, sondern um die ursprüngliche Erotik, den Glanz der Augenblicksvergewisserung wiederherzustellen. Abbildungen von Malerei sind trotz Ektachromen nur Abbildungen, die nicht besonders gut sein müssen, da sie wirklich nur Abbildungen sind, nur Illustrationen, die auf einen Ort jenseits des Textes verweisen, auf eine „wesentliche Einsamkeit" (Maurice Blanchot). Auch wenn so getan wird, als ob Abbildungen Bilder ersetzen könnten und in Reproduktionsperfektion geschwelgt wird, hat sich das Bild selbst dadurch nicht erledigt. Und so kann es vorkommen, dass eine schlechte Interpretation illustrative Abbildungen enthält, die unsere Neugier wachhalten und uns den nächsten Bus oder Zug nehmen läßt. Daher sind Kunsthistoriker beispielsweise immer auch Reisende auf der Suche nach dem ursprünglichen Ort. Ein neuer Text entsteht, wenn ein guter Ort auf einen guten Autor trifft.

Der gute Ort, wie die Juden ihre Friedhöfe nennen, wird mehr und mehr wieder wichtiger, André Malraux' „Imaginäres Museum" mit seinen Möglichkeiten der Vernetzungen, die jedes Archiv von sich aus bietet, im Heute der Rhizome zur Peripherie, weil eine objektlose Abbildung auf eine Erfüllung im Objekt wartet. Und es ist erstaunlich, dass gerade die moderne Kunst im „Zeitalter der technischen Reproduzierbarkeit" auf dem Originalstatus des Gemalten beharrt. So war Barnett Newman von der Idee besessen, dass der Betrachter einen minimalen Abstand zu seinen Großformaten einnimmt, dass er quasi ins Bild einsteigt. Zwei Maximen lassen sich aus dieser Position formulieren:

1. Je weniger auf einem Bild zu sehen ist, je weniger Mimesis also, desto mehr ist es Objekt und will als Objekt wahrgenommen werden.

2. Je mehr Bilder es gibt, desto weniger wollen wir sehen und desto bedeutsamer wird der Ort, an dem das Bild hängt. Zapping und Vernetzung sind letztlich Suchmaschinen nach dem *einen* Bild, an dem *einen* Ort mit dem *einen* Betrachter.

Aus diesen Vorraussetzungen können wir schließen, dass Malerei, seit es sie gibt, trotz aller Reproduktionstechniken an den, wenn auch oft nur vorrübergehenden Ort ihrer Ausstellung gebunden bleibt und dass die Wahrnehmung dieser Kunst letztendlich eine Angelegenheit der einsamen Aufmerksamkeit ist. Wir können die Sache noch zuspitzen, indem wir sagen, dass wenn wir einsam sein wollen, wir die Malerei aufsuchen sollten. Doch ist dies eine andere Einsamkeit als die mit dem Buch oder dem Fernseher. Sie ist eine Einsamkeit hauptsächlich in der Öffentlichkeit. Das ist entscheidend. Malerei, auch wenn sie privat gesammelt wird, sucht aus sich heraus die Öffentlichkeit, um den Betrachter anschließend wieder zu isolieren. Ähnliches gilt natürlich für das Kino, die Skulptur oder die Installation. Doch während wir im ersten in sicherer Entfernung vor der Leinwand sitzen und perspektivisch organisiert sind, und in räumlicher Kunst zur Bewegung, zum Schreiten aufgefordert werden, verlangt es die Malerei, dass wir uns eine bestimmte Fläche betrachten, d.h. dass wir unsere Blicke in einem begrenzten Rahmen schweifen lassen. Hermann Melville in *Die Piazza*: *Und mit der Schönheit ist es wie mit der Frömmigkeit – man kann sich ihr nicht widmen, wenn man umherrennt.*

Dabei ist es zunächst gleichgültig, was denn hier auf dem Bild dargestellt ist. Auch die Funktion des Bildes, ob es also ein Andachtsbild, ein Kultbild, ein Schmuckbild, ein Auftragsbild, eine Ware oder eine freie Übung ist, ist unwichtig, da es die Fläche ist, die hier betrachtet sein will. Es ist der begrenzte Ausschnitt einer anderen Wirklichkeit, einer anderen Subjektivität, die als solche affiziert. Deren Begrenzung erfordert Konzentration, die, wenn sie gelingt, das Öffentliche in den Hintergrund treten läßt. Die Wand, an der die Malerei hängt, wird zurückgedrängt und nur noch atmosphärisch wahrgenommen. Das gleiche gilt für die anderen Menschen und ihre sprachlichen oder körperlichen Geräusche.

So entsteht mitten in der Öffentlichkeit ein notwendiges Vakuum, ein Leerraum zwischen Bild und Betrachter. Dieser leere Zwischenraum, den auch Heinrich von Kleist meint, ist es letztendlich, der zur inneren Erzählung und zur äußerlichen Interpretation herausfordert. Georges Didi-Hubermans will daher zur wissenenden, vorwissenden Betrachtung eine andere Form des Sehens von Bildern einführen. Er schreibt: *Als Alternative verlangt sie einen Blick, der sich nur nähert, um zu unterscheiden und zu erkennen und um jeden Preis das, was er erfaßt, zu benennen und zu erkennen – sondern der sich zunächst einmal etwas entfernen und vermeiden würde, alles sofort zu klären. So etwas wie eine schwebende Aufmerksamkeit, ein längeres Hinausschieben des Augenblicks, da Schlüsse gezogen werden, damit die Interpretation Zeit genug hätte, um sich über mehrere Dimensionen zu erstrecken, zwischen einem erfaßten Sichtbaren und der auferlegten Prüfung einer Ver-*

zichtsleistung. Es wäre dann mit dieser Alternative ein – für den Positivismus schier un-
denkbarer – dialektischer Schritt gegeben, der darin bestünde, nicht vom Bild Besitz zu
ergreifen, sondern sich vielmehr vom Bild ergreifen zu lassen: also sich sein Wissen über
das Bild weggreifen lassen. Aber Didi-Huberman ist zu sehr Wissenschaftler der Kunst,
dem das letztendliche Ziel die Interpretation ist. Doch läßt ein Bild vor allem auch digressi-
ve Gedanken zu. Es fordert zur Abschweifung geradezu heraus. Es affiziert Empfindungen,
die mit dem Bild selbst oft nichts mehr zu tun haben. Erinnerungen an eigenes Wissen, an
Erlebnisse werden aus ihrem Schlaf der Vernunft geweckt. Das Bild entfernt sich so für
Momente, um dann wieder näher zu kommen. Es wird vor- und zurückgebeamt. Erst dann
können wir uns „weggreifen" lassen, kommen wir langsam zum Kern des Bildes, erst
jetzt können wir die Malerei selbst würdigen, den Inhalt verstehen lernen, die Komposition
verfolgen. Die Akzeptanz des Rahmens produziert das Bild, macht aber gleichzeitig aus
etwas Bestimmten ein Unbestimmtes; denn es ist dem Bild eigen, dass es innnerhalb des
Rahmens und innerhalb des Vakuums seine eigene Existenz transformiert. Es ist ein Subjekt,
das unendlich viel Subjektives erzeugt, unendlich viele Abschweifungen und Interpretationen. Das ist die Chance seiner Statik. Seine äußerliche Unbeweglichkeit an einem bestimmten Ort kreiert Denkbewegungen in alle Richtungen. Das Bild ist nicht nur künstlerische
Schöpfung. Es produziert selbst Schöpfungen, macht kreativ. Indem der Maler etwas nie
zuvor Gesehenes sichtbar macht und in der Öffentlichkeit ausstellt, verwandelt er auch
den geringsten Betrachter in einen Künstler, Autor, Philosophen, Wissenschaftler. Der Betrachter macht also nicht nur das Bild, wie Marcel Duchamp für die Moderne behauptet
hat, sondern der Betrachter macht, seit es Kunst gibt, weitere Bilder, andere Bilder, bekann-
te oder neue Bilder, wenn die Bedingungen von Rahmen und Vakuum ideal sind. Imaginationen produziert Imaginationen, statische Bilder fließende Bilderwelten.

Diese Potenz besitzt letztlich nur die Malerei, weil sie im Gegensatz zu den anderen
Medien immer mit Handschrift, mit „écriture" verbunden ist, mit dem direkten Zugriff, mit
dem Körper des Künstlers, und weil diese Handschrift sich auf einer Fläche materialisiert,
selbst wenn sie nicht primär sichtbar wird, wie etwa bei Barnett Newman, der 1963 im
Interview mit Lane Slate sagte: *Ich mache kleine und große Gemälde. Die Wahl des For-*
mats ist eher zufällig. Für mich ist das Format eine Herausforderung, eine Beschränkung,
mit der ich mich abgeben und die ich überwinden muss. Ich weiß, andere Maler arbeiten
nicht so. Sie setzen ihre Markierungen und benutzen ihre Pinsel und entscheiden erst dann,
was ihr Gemälde ist, indem sie einen Teil der gemalten und ungemalten Oberfläche ab-

grenzen. Mir kommt das ein bisschen vor wie Ausschneiden bei der Fotografie oder Werbung. Ich gehe anders vor. Ich konfrontiere mich mit einem gegebenen Format, so wie sich ein Schriftsteller mit einem Blatt Papier konfrontiert. Hat er einen Roman im Sinn, braucht er viel Papier; schreibt er Lyrik, braucht er weniger. Und so bestimmte auch ich nicht von vornherein die Grösse... Ich wähle die Grössen und Flächen eher zufällig aus, habe ich aber einmal gewählt, dann bedeutet das für mich eine ernste Verpflichtung gegenüber dieser Arbeit... Grösse ist für mich nicht Selbstzweck, sondern nur ein Mittel, um das Grundproblem des Malens anzugehen – nämlich ein Gefühl für den Maßstab.

Befasst man sich mit dem Format, so befasst man sich notgedrungen mit der Form, und das Gemälde wird dann zu einem Objekt. Viele Leute glauben wahrscheinlich, dass bei mir die Größe der Leinwand etwas mit dem Inhalt zu tun hat. Doch wenn ich mit dieser Demonstration irgendetwas klarmachen möchte, dann die Tatsache, dass ich mich nicht damit befasse, denn meine Gemälde sind groß und klein. Ich habe Gemälde von fünfeinhalb Metern gemacht. Ich war einer der Ersten, die mit Großformaten gearbeitet haben. Ich habe auch Werke im Maßstab von nahezu zweieinhalb Metern auf vier Zentimenter gemacht. Das Verhältnis zwischen Inhalt und Größe darf nie ein ästhetisches Objekt produzieren. (...)

Die leere Leinwand ist ein grammatisches Objekt – ein Prädikat. Ich bin das Subjekt, das es malt. Der Malvorgang ist das Verb. Das vollendete Gemälde ist der ganze Satz, und mit diesem befasse ich mich. Diejenigen, die die Welt der Objekte betonen und darauf bestehen, dass ein Objekt Kunst sein kann, machen doch letztendlich den Menschen selbst zu einem Objekt. Nun, eine solche Haltung ist angemessen für Generäle, Politiker, erklärte Patrioten und heidnische Ästhetiker, die den Menschen als Material betrachten; doch bin ich überzeugt, dass der Mensch mehr ist, als ein Objekt. Auf jeden Fall bin ich nicht daran interessiert, dem Bestand der Objekte auf dieser Welt ein weiteres hinzuzufügen. Ich will, dass sich mein Gemälde von jedem Objekt und existierenden Kunstobjekt abhebt.

Newman bestätigt von der Seite des Künstlers meine bisher gemachten Beobachtungen, macht aber nebenher ein anderes Faß auf, indem er die Produktion von Malerei mit der Produktion von Literatur gleichsetzt. Aber auch solche Gleichsetzung hat eine lange Tradition, die zumindest bis ins Mittelalter reicht und in den rhetorischen Bildern des Barock ihren Höhepunkt findet. Doch was zuvor vornehmlich inhaltlich motiviert war, wird von Newman jetzt auf den Produktionsvorgang von Malerei selbst übertragen. Der Maler behauptet sich vor der leeren Leinwand wie der Schriftsteller vor dem leeren Papier. Er füllt aus. Beide Vorgänge besitzen die gleiche körperliche Reife, das heißt, sie gehen vom Kopf in die Hand. Sie bearbeiten in direktem Zugriff. Die Malerei ist nicht nur inhaltlich, sondern auch handwerklich nie weit vom Buch entfernt und das Buch nie weit von der Malerei. Denn wie die Malerei kann auch das Buch, vor allem Roman oder Lyrik, Bilder im Kopf erzeugen. Aber dennoch bleiben bedeutende Unterschiede, die vor allem den Rezeptions-vorgang betreffen und auf die ich schon oben hingewiesen habe. Das statische Bild be-wegt uns in seiner Unbeweglichkeit, das Buch im zeitlichen Blättern. Trotzdem scheint, seit es Kunsttheorie gibt, eine ewige Pendelbewegung zwischen Bild und Text in Gang gesetzt. Die Ikonographie nach Aby Warburg schließlich verknüpft beide Bewegungen und spricht vom „Bilder lesen". Sie sucht mit einigem Recht nach der Lektüre hinter den Bildern, um das Wissen über sie anzureichern. Dagegen positioniert sich eine Gruppe um Svetlana Alpers, Georges Didi-Huberman, Victor I. Stoichita oder Wolfgang Kemp, die im Sinne von Alois Riegl eher das Betrachten von Bildern in den Vordergrund ihrer Annähe-rung stellt. Beide Gruppierungen haben ihre Berechtigung vor dem Anspruch der Gemälde, sie selbst zu sein. Dieser Anspruch liegt vor aller Interpretation und existiert im stillen Ver-trag zwischen einzelnen Bildsubjekten und Betrachtersubjekten im Vakuum des Zwischen-raums.

Wie auch immer wir uns den Gemälden nähern, was auch immer unser Ziel sein mag, mit welcher Gleichgültigkeit wir ihnen begegnen und welche Liebe wir zu ihnen mitbrin-gen: den Bildern selbst ist das schnuppe, und die Künstler als Fabrikanten der „Kunstin-dustrie" sind nach Beendigung und Entlassung des Werkes aus dem Atelier letztendlich machtlos. Selbst historisches Wissen, selbst ikonographische Gelehrsamkeit, selbst ästhe-tische Schulung können nicht verhindern, dass der Betrachter über das Bild denkt, was er denken will. Das ist das Überzeitliche, von Maurice Merleau-Ponty als die „Einheit der Kunst" bezeichnet. Innerhalb dieser „Einheit" finden allerdings stetig Neubewertungen und Umgruppierungen statt. Das „Interesse", so Merleau-Ponty, sucht sich im Kanon der Kunstgeschichte das, was augenblicklich den Nerv trifft. So entdeckt der Impressionismus für sich Vermeer, der Dadaismus für sich Barock, die Kunst der 60er Jahre des 20. Jahr-hunderts den Manierismus. Mit den neuen Bildern werden die alten lebendig. Die Kunstge-schichte ist durch eine permanente Bewegung der Wahrnehmung gezeichnet, und der Künstler, wenn er ein guter ist, sitzt mitten in diesem Mahlstrom der Neubewertungen, des Prozesses der Veränderungen und reagiert auf sie wie kein anderer. Das ist sein Beruf, der daher aus der Gefährdung lebt, eben aus dem Wissen über die Potenz der Malerei und ihrer Geschichte. Er weiss um alle die anderen Bilder und soll etwas Neues malen. Winckelmann: *Der Pinsel, den der Künstler führt, soll in Verstand getunkt sein.*

Wenn in unseren Tagen wieder vom Ende der Malerei geredet wird, was vor zwei Wochen, vor drei Monaten, vor zehn Jahren oder vor zwei Jahrhunderten auch schon der Fall war, dann weil das Gefühl da ist, dass die Malerei alles schon gesagt haben könnte. Aber vor zwei Wochen, vor drei Monaten, vor zehn Jahren oder vor zwei Jahrhunderten wurde beispielsweise auch schon über das Ende der Literatur lamentiert, und es wird geschrieben wie nie zuvor und beim Kriminalroman auch einiges Anspruchsvolles. Nun läßt sich nicht behaupten, dass heute gemalt wird wie nie zuvor. Dafür ist die Konkurrenz der anderen Medien zu durchschlagend. So hat Harald Szeemann sein „Plateau der Menschheit" auf der diesjährigen Biennale fast ausschließlich mit Fotografie und Video bestückt. Die Malerei war vertreten durch wahrlich mittelmäßige Bilder von Gerhard Richter und süßlichen Kitsch von Cy Twombly. Das sind Klassiker mit Alterswerk. Interessanter auf der Biennale waren dagegen die flächigen Abstraktionen eines Helmut Federle oder die wunderbaren Gemälde des Neo Rauch, eines Newcomers, der aufgrund seiner individuellen poppig sozialistischen Manier der Mediendominanz Widerstand leisten konnte. Das wars aber schon mit der Malerei, die leider auch in den Länderpavillons eine marginale Rolle spielen. Lediglich der dänische zeigte das Ehepaar Ursula Reuter-Christiansen und Henning Christiansen mit existenzialistischen Übungen und dem Humor von Fluxus und der belgische den überragenden Maler Luc Tuymans, der mit seinen Bildern Ästhetik und Politik verknüpft.

Ist es also mit der Malerei endgültig zu Ende? Ist es ein Zeichen, wenn schwache acht Prozent der Biennalekunst sich ihrer Mittel bedient? Da die Malerei, wie ich behauptet habe, zunächst aus der Zeit herausfällt, um erst dann zum Problem der Zeit zu werden, ist es eigentlich nur natürlich, dass sie nie zu Ende ist. Es ist aber eine Tatsache, dass kein Medium in seiner Geschichte so sehr mit den Grenzen experimentiert hat, so sehr sich mit der Überschreitung seiner eigenen Möglichkeiten beschäftigt hat, wie die Malerei, so dass, wie schon gesagt, ihr das Scheitern stets inhärent ist, und zwar mindestens seit der Renaissance, denken wir nur an die abgrundtiefe Melancholie in den Gedichten Michelangelos, die sich in Briefen Van Goghs wiederfindet, oder an die allumfassende Experimentierlust eines Leonardo, die beispielsweise Picabia wieder aufgreift. Samuel Beckett 1948: *Die Geschichte der Malerei ist die Geschichte ihrer Beziehung zu ihrem Objekt, wobei diese sich notwendigerweise, zuerst im Sinn des Umfangs, dann in dem* der Durchdringung entwickeln. Was die Malerei erneuert, ist zunächst, dass es immer mehr Dinge zu malen gibt, dann, eine immer professionellere Weise, sie zu malen. Ich meine damit nicht eine Folge zweier Phasen, einer ersten der Entfaltung und einer zweiten der Konzentration, sondern nur zwei Haltungen, die miteinander verbunden sind wie das Ausruhen mit der Anstrengung. Der primäre Schauer der sich ihrer Grenze bewußt werdenden Malerei richtet sich auf die Umrisse dieser Grenzen, der sekundäre, im Sinne der Tiefe, auf das Ding, das von dem Ding verborgen wird. (...)

Die Malerei ist die Analyse eines Zustands des Mangels, eine Analyse, die bei dem einen die Begriffe des Aussen entlehnt, das Licht und die Leere, bei dem anderen die des Innen, die Dunkelheit, die Fülle, die Phosphoreszenz. (...)

Von diesem Augenblick an bleiben drei Wege, die die Malerei gehen kann. Der Weg der Rückkehr zur alten Naivität, durch den Winter des Verzichts hindurch, der Bußgang. Dann der Weg, der keiner mehr ist, sondern ein letzter Versuch, von dem eroberten Land zu leben. Und schließlich der Weg vorwärts, eine Malerei, die sich sowenig um überholte Konventionen kümmert wie um Hieratismen und Preziositäten überflüssiger Erkundigungen, eine Malerei der Einwilligung, die in der Absenz von Beziehung und Objekt die neue Beziehung und das neue Objekt voraussieht...

In diesem Zusammenhang fällt dann der entscheidende Satz Becketts, der die ganze Geschichte moderner Malerei auf den Punkt bringt: *Zu repräsentieren bleiben die Bedingungen des Sich-Entziehens... Gemalt wird, was zu malen hindert.* Diese Hinderung wird zur Einwilligung. Der intellektuelle Maler erkennt, dass er Scheitern muss, nicht nur angesichts der Darstellbarkeit, sondern auch der Überschreitungsbemühungen der Malereigeschichte, und genau aus diesen Gründen macht er weiter, kann er weiter machen. Die Geschichte der Malerei läßt keine Naivität mehr zu, es sei denn, man will ein naiver Maler sein. So verbindet sich die Malerei mit der philosophischen Lebenskunst, die auch mit dem Be-

wußtsein vom Scheitern aus guten Gründen das Weitermachen propagiert, ein Weitermachen, das sich mit formalisierten Übungen ermöglicht. Ich habe an anderer Stelle darauf hingewiesen, dass Kunstmachen heute mehr und mehr eine Sache der Übung ist und von „zweckfreien Übungen im Wiederholungsraum" gesprochen. Dies gilt um so mehr für die Malerei, die als Medium verunsichert, sich ständig neu definieren muss. Und selbst ein Rembrandt war sich seiner Sache nicht so sicher. 1629 entsteht sein kleines Gemälde *Der Künstler in seiner Werkstatt*. Der 22jährige Maler steht hier als fast schon mickrige Person im theatralischen Perspektivraum seines Leidener Ateliers vor einer Staffelei mit Tafelbild, die sich bedrohlich in den Vordergrund schiebt. Diese Abweichung von bisherigen Atelierdarstellungen ist bemerkenswert. Die Staffelei ist der eigentliche Held des Bildes. Ringsherum nur Künstlerarmut und Leere. Die Wände bröseln, das Mauerwerk zeigt Risse. Ein erbärmlicher Holztisch mit Utensilien, und zwei leere Paletten, die übereinander an der Wand hängen, steigern die Leere. Im Kontrast zu ihrer Dominanz im Bild steht der Aufzug des Künstlers, der sich hier festlich gekleidet mit Barett präsentiert, in den Händen mehrere Pinsel, ein Palette und den Malstock. Rembrandt zeigt nicht, wie er malt, und auch nicht, was er malt. Er zeigt nur sich in unendlicher Distanz zur Tafel. Allgemein wird dieses Bild in Anlehnung an die Emblematik Justus Reifenbergs als Illustration der Apellesdevise „nulla dies sine linea" (Kein Tag ohne eine Linie) interpretiert. Neueren Analysen etwa van de Weterings zufolge stellt das Bild einige Maximen zeitgenössischer Künstlertheorien dar, nach denen sich *das künstlerische Schaffen nach der 'inneren Idee' des Künstlers* [richtet]. *Auch die Ausführung eines Bildes ist* [wie wir schon gesagt haben] *also geistig bestimmt. Sie bedarf immer wieder der Reflexion, des kritischen Vergleichs mit der inneren Idee. Je überzeugender die Malerei in ihren Selbstdarstellungen diesen geistigen Anteil anschaulich werden ließ, desto mehr konnte sie erwarten, als freie Kunst angesehen zu werden. Denn dies charakterisierte die freien Künste: dass in ihnen mehr der Verstand arbeitete als der Körper'.*

So fassen Hermann Ulrich Asemissen und Gunter Schweikhart die neuen Ansichten von diesem bescheidenen Meisterwerk zusammen, und sicherlich ist das in Ordnung. Was mich aber erstaunt, ist der erstaunte Blick des Künstlers, der sich nicht nach innen richtet oder auf die Tafel, sondern den Betrachter betrachtet. Auch die ganze Haltung ist eher denkmalhaft. Der Künstler steht dort wie abgestellt, also so wie sich Joseph Beuys die Ausstellung seiner Skulpturen vorstellte. Rembrandt macht keinen Schritt auf die Tafel zu. Er verharrt in der abwartenden Betrachtung seines Publikums. Dagegen dann überdimen-

sioniert die Konstruktion der Staffelei, grob zusammengezimmert wie die Tür im Halbschatten. Auch hier ein Vexierspiel. Das kleine, nur 25 x 32 cm hohe Bild aus Boston bildet ein Tafelbild ab, das den Maler der Miniatur durch den Trick der Perspektiverrung bei weitem überragt. Über ein Drittel des Bildes nimmt allein die Staffelei ein, die in Schrägsicht das zeigt, was Cornelius Norbertus Gijsbrechts um 1670 zum Thema seines berühmten Gemäldes macht: die Rückansicht einer Malerei. Victor I. Stoichita: *Diese Gemälde-Rückseite* [Rembrandts] *ist, von nahem gesehen, ein echtes malerisches Bravourstück. Mit langen, trübfarbigen Zügen hat der Pinsel, der 'gewöhnlich'*

nur die Vorderseite des Tableaus berührt, sie erschaffen: mit Sorgfalt und Geschick hat er
die Unregelmäßigkeiten registriert, die Löcher der Staffelei, die Fugen und die Ränder. Es
gelingt Rembrandt, aus dieser anikonischen (antiikonischen) Fläche das Zentrum eines Bil-
des zu machen. Der Maler konstruiert ein Bild, das die Unzugänglichkeit des Bildes zum
Thema hat. Und damit, so könnte man fortfahren, die Unzugänglichkeit der Malerei selbst.
Einerseits beweist uns Rembrandt mit der Miniatur, was er kann, anderseits bestätigt er
selbst in seinem Selbstporträt die Unsicherheit, die Distanz, das Fragende der Malerei
selbst. Er sieht wie Barnett Newman seine Malerei als Umgang mit einem „grammati-
schen Objekt". Er zeigt sich als Intellektueller und gleichzeitig als jemand, der sich dem
Publikum entzieht, der zu scheitern vermag. Darauf verweist auch jene scharfe, präzise
weisse Kante des Tafelbildes. Sie trennt in der Schrägdiagonale die gesamte Komposition
und macht das „Grammatische", den Konflikt zwischen Maler und Malerei, Maler und
Betrachter, Maler und Erfindung, Maler und Atelier erst überdeutlich. Diese borderline ist
so dünn wie machtvoll und wird von Rembrandt sorgfältig präzisiert; denn sie ist zuständig
für die Malerei zwischen Sichtbarkeit und Unsichtbarkeit. Sie verweist auf das Bild als Objekt des Konfliktes zwischen dem Subjekt des Betrachters und dem Subjekt des Bildes.
Sie konstruiert das Bild selbst und formuliert seine Autonomie.

In diesem Sinn ist Rembrandt moderner als manch' Moderner und dieses Selbstporträt
das missing link zwischen der Melancholie des Michelangelo und der Imbrunst Barnett
Newmans. Kurz: die von Beckett angesprochenen Probleme einer modernen Malerei sind
die alten Probleme. Malerei unserer Tage schließt die Malerei von gestern mit ein.

Lassen Sie mich in diesem Sinn noch etwas weitermachen: Wir hatten schon von einer
möglichen Abgrenzung der Malerei zu den anderen Medien gesprochen. Kommen wir nun
zum alles entscheidenenden Unterschied von Malerei und etwa Fotografie und Video. Was
Malerei als „écriture" nämlich hauptsächlich kann, ist die Darstellung von Fläche und Wolke. Eine von Jeff Wall präzise inszenierte fotografische Fläche kann auch durch den Leucht-
kasten Fläche nur imitieren; denn malerische Fläche ist, wie wir hier bei Rembrandt sehen
und bei Barnett Newman erleben, kein Index von Fläche, kein Schatten von Fläche, sondern Darstellung körperlichen Handelns als direkte Bearbeitung und dann Fixierung einer
Oberfläche. Gleiches gilt für die Wolke als Sonderform der Fläche, hier bei Rembrandt in
der Kleidung zu beobachten. Die Wolke ist die detaillierte Formulierung eines dreidimen-
sionalen Körpers, der sich stetig verändern kann und kurz davor ist, sich zu verabschieden.
Während die Fläche das Statische belegt, das Unveränderbare, ist die Wolke das Einmali-

ge, das Augenblickartige. Und es lässt sich sagen, dass alle Malerei aus der Kombination oder Isolierung von Fläche und Wolke besteht.

Beide Phänomene sind eigentlich für den Hintergrund reserviert, doch treten sie mit der Moderne mehr und mehr aus ihrem Schatten heraus und werden bestimmend für das Bild. Die Fläche wird gleichmäßig behandelt, die Wolke in zeitlichen Intervallen. Sie kann wie hier bei El Grecos *Ansicht von Toledo* von 1600 changieren, um ihre Beweglichkeit offen

zu demonstrieren oder im Clair obscure Flächen begrenzen. El Grecos Wolken allerdings gehen über ihr himmlisches Dasein hinaus. Seine Malerei macht auch die Porträts wolkig oder wie hier die Landschaft. Während die Fläche in der Malerei den Lichtraum artikuliert, wird er durch das Wolkige dramatisiert. Und da bei El Greco fast alles wolkig ist, wird hier alles zum Drama. Das ist das Bestürzende seiner Kunst, die Manet, Millet, Degas, Marc, Macke und natürlich Picasso inspirierte. Julius Meier-Graefe 1908 in einem Brief: *Greco ist wohl das größte Erlebnis, das unser einem blühen könnte. [...] Nicht weil er groß ist, sondern weil er neu ist. [...] Greco kommt wie ein Blitz. Man hat [...] mit drei Erdteilen gerechnet, Michelangelo, Rubens, Rembrandt. Jetzt ist ein vierter da.* Einer solchen Bewertung ist immer noch zuzustimmen. El Grecos Malerei ist heutige Kunst. Sie erreicht, indem sie nichts als Malerei ist – denn auch diese scheinbare Stadtansicht von Toledo ist eine konstruierte – ein optimale Komplexität, die bisher alle Interpreten zur Verzweiflung gebracht hat. Allein schon eine Bildbeschreibung wird hier zum Abenteuer. Das Gewitter, das sich dort zusammenbraut und auf Giorgione verweist, ist das Gewitter des Lichts, das so nur von der Malerei erfunden werden kann. Blaue, grüne und graue Farbtöne in allen Schattierungen und Stärken üben einen atmosphärischen Druck aus, der die Anwesenheit des Malers im Bild direkt spüren läßt.

Um solche Anwesenheit geht es den Malern von Fläche und Wolke. In diesen Modalitäten beweist sich Malerei. Hier legt sie ihr Können bloß, in Licht- und Raumkompositionen gerade dadurch überindividuell zu werden, indem sie die Handlung des Malens als Handlung demonstriert. Gerhard Richter sollte später den Versuch unternehmen, Fläche und Wolke zu entpersonalisieren und sie an die Fotografie anzuschließen. Herausgekommen sind dabei Werke, die um so mehr strahlten, desto weniger sie Malerei sein wollten. Umgekehrte El Grecos und Rembrandts. Ein Versteckspiel ist in der Malerei schwer möglich.

Das demonstriert 1968 sehr schön ironisch Sigmar Polke mit seinem Werk *Moderne Kunst*. Hier sind alle Überschreitungsversuche der Moderne in einem Bild versammelt: die Flächen der Geometriker, die Kleckse der Tachisten, die Konstruktionen der Konkreten, die

Farbmalereien der abstrakten Expressionisten und die Unbeschwertheit von Pop. Die Flächen sind mal Hintergrund, mal aufgesetzt, mal dickere Linien, mal geschwungen, und die Wolken mal schweifend, mal horizontal oder mal explodierend. Diese gebündelte Moderne, diese Ironie der Strategien ist ein Meisterwerk der Verhinderung, von der Beckett sprach. Es spricht ex negativo von dem Wunsch, weiter zu malen, gerade auch weil die Medienkunst ihre hybriden Ansprüche anmeldet. Heute weiter zu malen bedeutet aber vor allem, in Zeitgenossenschaft, zu der El Greco, Rembrandt, Marcel Duchamp oder Andy Warhol gehören, eine handelnde Auseinandersetzung mit den Leistungen von Fotografie, Video, Film oder Computer. Es gibt also, wie es Beckett schon kommen sah, mehr zu malen.

Es gibt mehr Bilderwelten, was die Werke etwa von John Armleder, Thomas Bayrle, Walter Dahn, Thomas Demand, Anne Katrine Dolven, Thomas Huber, Martin Kippenberger, Matt Mullican, Albert Oehlen, Elisabeth Peyton, Stephen Prina, Sean Scully, Marianna Uutinen bespielsweise neben den schon erwähnten Neo Rauch oder Luc Tuymans und den hier in Wolfenbüttel gezeigten Werken von Silke Leverkühne und Peter Mell beweisen.

Wollten wir auf die Darstellung von Fläche und Wolke verzichten, wie Szeemann es mit seiner Biennaleausstellung vorschlägt, verzichten wir genau auf das, was das eigentliche Thema des „Plateau der Menschheit" sein sollte. Es lassen sich noch so viele Körper fotografisch erfassen oder filmen, der Unterschied von Abbild und Bild bleibt evident, oder um mich dem Pathos von Szeemann anzuschließen, die Menschheit präsentiert sich in seiner Ausstellung als behandelte und nicht als handelnde. Ich übertreibe hier natürlich, um die Unterschiede deutlicher werden zu lassen und verweise entgegen meiner Generalisierung besonders auf jene Medienarbeiten, die den Künstler selbst in den Mittelpunkt stellen, denen es also daran gelegen ist, den Körper hinter dem Medium nicht vergessen zu lassen.

Denn es bleibt der Malvorgang im Atelier, die Handlungsform selbst, die für die heutige

Diskussion um die Körper ein so entscheidendes Bild hervorgebracht hat wie den in Potsdam hängenden *ungläubigen Thomas* von Caravaggio, um 1600 gemalt für die römische Privatsammlung der Brüder Benedetto und Vincenzo Giustiniani. Dieser Ort, an dem das Bild hing, ist von entscheidender Bedeutung. So wie Gustav Courbet seine realistische Vision des weiblichen Geschlechts nur im Auftrag eines reichen ausländischen Privatiers malen konnte, so ist es auch Caravaggio erst für einen privaten Auftraggeber möglich, das Menschsein des Göttlichen, das Fleischsein als Akt des Tastsinns zu verifizieren. Christus ist hier nicht von den Toten auferstanden, um den Glauben zu besiegeln, sondern die Beglaubigung erfolgt direkt an der offenen Wunde mit einem Finger, der gleichzeitig der Zeigefinger ist. Dieser Finger bleibt aber nicht an der Oberfläche. Er dringt ein, und die Konzentration aller Beteiligten richtet sich auf diesen Finger in der Wunde. Ein solch' übersteigerter Naturalismus, der die Schmerzgrenze erreicht, hatte natürlich in der offiziellen Kirche, mit der Caravaggio eh seine bekannten Schwierigkeiten hatte, wenig zu suchen. Einerseits zeigt uns der Maler seine drastische Überprüfung als für den Betrachter fast unerträgliche Wahrheitssuche, anderseits ist diese scheinbar so medizinisch rationale Angelegenheit natürlich weit von jeder anatomischen Richtigkeit entfernt. Wunden sind anders. Wunden sind keine ästhetischen Löcher. Wunden sind Risse.

Hier wird in aller Deutlichkeit demonstriert, was Malerei vermag, welche Möglichkeiten der Überschreitung und Radikalität sie besitzt. Diese Wunde Christi mit den über sie gebeugten Gestalten, den Gewändern und weisen Köpfen, dem Licht aus Hollywoodscheinwerfern, für das der Maler berühmt ist, ist wie Rembrandts Bild eines über die Malerei selbst. Wir als Einzelpersonen werden zum vierten Betrachter gemacht, zu Beglaubigern der Beglaubigung. Mit den Jüngern sind im Sinne der gegenreformatorischen Philosophie und der „erkenntnistheoretischen Krise" (Jutta Held) der katholischen Kirche wir gemeint, wir als Bildbetrachter im Vakuum des Zwischenraums. Vor diesem Bild sind wir dann an einem guten Ort, öffentlich allein mit einem guten Bild, das auf die Bedeutung der Malerei gerade heute verweist, zu einer Zeit, in der das Vakuum sich mit Virtualität anfüllen will und objektloser Anschauung. Denn im Gegensatz dazu begreifen wir Malerei der Flächen und Wolken als Handlung und Denken als Handlung. Und wir werden aufgefordert, Subjekt zu sein, selbst zu handeln, und das ist es, was die Malerei überzeitlich werden läßt. Die Malerei, als Handlung auf einer Oberfläche, fordert uns zur Handlung, die geistig, erinnernd, tuend sein kann, heraus, weil sie mehr als alle anderen Medien äußerst statisch ist. Alle Statik will bewegt werden, und dann passiert, was Hannah Arendt so beschreibt: *Dem Handeln ist es eigentümlich, Prozesse loszulassen, deren Automatismus dann dem der natürlichen Prozesse sehr ähnlich sieht, und es ist ihm eigentümlich, einen neuen Anfang zu setzen, etwas Neues zu beginnen, die Initiative zu ergreifen oder, Kantisch gesprochen, eine Kette von Selbst anzufangen.*

Literaturhinweise:

Hannah Arendt, *Vita activa oder vom tätigen Leben*, München 1998

Michael Baxandall, *Die Wirklichkeit der Bilder. Malerei und Erfahrung im Italien des 15. Jahrhunderts*, Frankfurt am Main 1984

Samuel Beckett, *Das Gleiche nochmal anders. Texte zur Bildenden Kunst*, Frankfurt am Main 2000

Julian Bell, *Was ist Malerei? Darstellung und Moderne Kunst*, Hamburg 2000

Gottfried Böhm (Hg.), *Was ist ein Bild?*, München 1994

Reinhard Brandt, *Philosophie in Bildern. Von Giorgione bis Magritte*, Köln 2000

Caravaggio in Preußen, (Katalog) Gemäldegalerie der SMPK im Alten Museum, Berlin 2001

Georges Didi-Huberman, *Vor einem Bild*, München, Wien 2000

Michael Glasmeier, *Üben. Essays zur Kunst*, Köln 2000

El Greco, (Katalog) Kunsthistorisches Museum Wien, 2001

Jutta Held, *Caravaggio. Politik und Martyrium der Körper*, Berlin 1996

Siegfried K. Lang (Hg.), *Malen in der Welt der Bilder*, Köln 1998 (Jahrbuch 2, Hochschule für Bildende Künste Braunschweig)

Alberto Manguel, *Bilder Lesen*, Berlin 2001

Maurice Merleau-Ponty, *Das Auge und der Geist*, Hamburg 1984

Barnett Newman, *Schriften und Interviews 1925-1970*, Bern, Berlin 1996

Sibylle Omlin, Beat Wismer (Hg.), *Das Gedächtnis der Malerei. Ein Lesebuch zur Malerei im 20. Jahrhundert*, Aarau, Köln 2000

Sigmar Polke. *Die drei Lügen der Malerei*, (Katalog) Kunst- und Ausstellungshalle der Bundesrepublik Deutschland, Bonn 1997

Rembrandt. *Der Meister und seine Werkstatt. Gemälde*, (Katalog) Gemäldegalerie SMPK im Alten Museum, Berlin 1991

Victor I. Stoichita, *Das selbstbewußte Bild. Vom Ursprung der Metamalerei*, München 1998

Ute Maasberg **Experiment Malerei**

Zu den Ergebnissen der II. Internationalen Sommerakademie für Bildende Kunst

> *Das eine, was sich über Kunst sagen läßt, ist, daß sie eines ist.*
> *Kunst ist Kunst-als-Kunst, und alles andere ist alles andere. Kunst-*
> *als-Kunst ist nichts als Kunst. Kunst ist nicht, was nicht Kunst ist.*
> Ad Reinhardt

Es ist nicht leicht, meinte Paul Klee in seiner Ansprache „Über die moderne Kunst", *sich in einem Ganzen zurechtzufinden, das sich aus Gliedern zusammensetzt, welche verschiedenen Dimensionen angehören. Und solch ein Ganzes ist sowohl die Natur als auch ihr umgeformtes Abbild, die Kunst. Es ist schwer, ein solches ganzes, sei es Natur oder Kunst, zu übersehen, und noch schwerer ist es, einem anderen zum Überblick zu verhelfen.*[1]

Die Maler Silke Leverkühne und Peter Mell stellten sich dieser Aufgabe. Im Rahmen der diesjährigen Sommerakademie für Bildende Kunst in Wolfenbüttel waren sie als Mittler zwischen den Dingen der Natur und der Kunst, als Betrachter und Berater der spezifischen künstlerischen Positionen, Erfahrungen und Eindrücke der Teilnehmer. *Gerne würde ich Ihnen beratend helfen, aber es ist so schwer, etwas sagen, was richtig ist und Ihnen nützen kann*[2], schrieb Emil Nolde einem jungen Künstler, der auf der Suche nach einem Lehrmeister war. Nolde, der bei der schaffenden Arbeit ungern Menschen um sich hatte, lehnte diesen Wunsch des Suchenden ab. Er wollte keine Schüler. Silke Leverkühne und Peter Mell begaben sich in die Rolle der Lehrenden ohne ihre Funktion als Vermittelnde aufzugeben. Statt der Fesseln avantgardistischen Zwanges und Anpassung an die fortlaufende Entwicklung der Kunst war das Malen mit lockerem Pinsel in bunten Farben, neue Wege zum gemalten Bild durch Farbe und Licht gesucht. Dem Drang nach freier Entfaltung, der Lust auf Veränderung und der Neugier, was dabei herauskommen mochte, wurde durch Offenheit und Freiheit begegnet, jederzeit etwas anderes machen zu können, was die künstlerische Tätigkeit angeht, aber auch was die eigene Position betrifft.

Neue Formen, neues Material, neue Haltungen prägen die Arbeitsergebnisse der vielfältig künstlerisch ausgebildeten und vorgeprägten Stipendiaten. Sie alle hatten die Chance,

andere Standpunkte zu entdecken, eingefahrene Positionen zu wechseln, Malerei nicht aus
regionaler oder nationaler Tradition und aus der Nähe zu einem Stil oder einer Richtung
erklären oder entwickeln zu wollen, sehr differenziert genutzt und umgesetzt. Auf der Suche nach den Strukturen, Werten und der Sphäre der Farbe wurden insbesondere die Farb-
landschaften für viele zum geistigen und malerischen Entdeckungsfeld.

Irene Pregizer, die sich dem Thema Landschaft gegenständlich nähert, entwickelte aus
einer Reihe kleinformatiger Arbeiten mit unterschiedlichen perspektivischen Varianten, ein
großes als Triptychon angelegtes, sich horizontal ausbreitendes Boden- und Wolkenbild.
Keine Vegetation, nichts zivilisatorisches, weder Haus noch Mensch oder endlose Leitungs-
verbindungen stören diesen seltenen Blick auf eine Weite und Leere, deren Schönheit,
Kraft und Impulsivität sich von harmonischen, warmen vollen Tönen wie Braun, Variationen
von Grün, Schattierungen von Ockergelb bis dezenten Relikten von Altrosa erstreckt. In
heftigen Aktionen entladen sich Spuren von Schwarz in Rillen und Furchen und erzeugen
dadurch eine Spannung, die der Gelassenheit des bandartigen, linearen Bildaufbaus von
Erde und Himmel entgegentritt. Der feste statische Aufbau gerät in Bewegung und evoziert
das Bild einer dramatischen, naturgewaltigen Szene vom Ursprung der Welt.

Nanny de Ruig stellt in ihrem Diptychon die Bildwirklichkeit als Möglichkeitsform heraus. Ihre Landschaft ist zwischen figurativer und abstrakter Bildform angesiedelt, gleichzeitig lesbar als abstrakte Farbkomposition wie auch als Darstellung einer Landschaft. Der
Naturbezug, den sie wahrt, sichert dem Betrachter eine Einfühlungsmöglichkeit in die aus
horizontalen Pinselbewegungen gebaute, architektonisch anmutende Landschaft aus Farbe.
Nur kurz wird der Blick vom Blau des Horizonts in die Ferne getragen. Der Rhythmus aus
lang durchgezogenen Horizontalen und flink gestrichelten kurzen Pinselzügen in Rot, Braun,
Schwarz und Gelb, mal flüssig, mal tonig beginnt die ganze Bildfläche einzunehmen und
für sich zu gewinnen. Horizontale Linien, nicht aus dem Arsenal der Geometrie lassen die
Fläche des Bildes atmen. Das Blau der submarinen Welt in der Bildmitte wird zum Klang-
körper sich befreiender Formen hin zur Dislozierung von Farben und zur Destruktion der
sichtbaren realen Welt.

Die Welt, in der wir leben und die wir die wirkliche nennen, ist eine bloße Hervorbrin-
gung unserer Seele. Der Geist kann nicht aus sich heraustreten, und die Dinge, von denen
er meint, daß sie in der Welt um ihn herum existieren, sind nur seine eigenen Ideen. Zu
hören, zu sehen, heißt, geistige Vorstellungen hervorzubringen, heißt also Leben zu erschaf-
fen. Doch über der tristen Gewöhnung der immergleichen Hervorbringungen haben wir

das heitere Bewußtsein unserer schöpferischen Fähigkeiten verloren; die Träume, die wir erzeugten, und das Ich, das von den von uns selbst erdachten Dingen eingeschränkt wird und ihnen unterworfen ist, haben wir für wirklich erachtet.[3]

Einen Weg aus den immergleichen Ausdruckskonventionen suchte auch Ingeborg Sauvadet. Unsichtbares, Flüchtig Entdecktes und Tief Empfundenes, Lang Betrachtetes, simultane Zeitebenen als Magie der Realität zu erfassen und diese Realität in Malerei umzusetzen kennzeichnet ihre „Spiegelbilder". Die auf den Kopf gestellte Welt wird nicht zum Zerrbild, auch sie ist Ausdruck einer harmonischen Ordnung.

Sauvadets abstrakte Arbeit dagegen geht ins Unvorhergesehne, sie sucht den Zufall und die Faszination des Neuen. Vielfach teilt sich die Pinselführung, die Farbe läuft auseinander, breitet und dehnt sich aus, überlagert vorher Gemaltes, verschließt sich zu Farbräumen, fasert aus. Die Farbe scheint dem Pinsel wegzulaufen, fließt über die Fläche, durchtränkt die Farbmasse und löst die Richtungen der Pinselschrift auf.

Annäherung an die elementare Malerei lassen sich bei Barbara Schulte-Zurhausen, Elisabeth Knorr-Sehnert und Marlene Nix erkennen. Fernab von jener geometrischen Abstraktion und konstruktivistischen Kunst wie wir sie von De Stijl-Künstlern, Bauhäuslern, Russischen Konstruktivisten und Schweizer Konkreten kennen, auch nicht im Bereich universalistischen Spiritualismen, befinden sich die Arbeiten von Barbara Schulte-Zurhausen. Sie hat den faßbaren und meßbaren Raum durch das als endloses Band von farbigen Feldern konzipierte Format verlassen und verfolgt eher musikalische und rationale Prinzipien.

Licht, Pigment, Farbe sind in der Malerei von immanenter Bedeutung. *In der Malerei zählt das Pigment (paint)*, so Jules Olitski. *Pigment kann Farbe sein. Pigment wird Malerei, sobald Farbe (Ober-)Fläche herstellt. Ziel der Pigmentoberfläche (wie überhaupt aller Mittel der bildenden Kunst) ist Erscheinung - Farbe, die der materialen Oberfläche ganz und gar innezuwohnen scheint.*[4]

Schulte-Zurhausens Farbkorrespondenzen, die sich rhythmisch verstärken durch Doppelformen, transparente, vermischte, sich überlappende, einfache Farbfelder und Farbschichten entwickeln in ihrer farbigen Intensität eine körperhafte Präsenz. Die Farben erzeugen räumliche Wirkungen, je nachdem in welchen Kontrasten sie zueinander stehen, und sie suggerieren die Vorstellung von Bewegung.

Marlene Nix sucht die Harmonie von klassischer Einfachheit und Balance der Farbform mit einer vorgegebenen Bildfläche. Neben den Farbformbeziehungen als Wechselspiel von leicht-schwer, hell-dunkel, aktiv-passiv, vermitteln die Richtungskontraste der Farben im Verdichten und Öffnen der Farbquadratfelder eine zusätzliche Dimension. Die Farblandschaft wird zum farbigen Bildraum.

Nur noch ein Hauch von Farbe, eine Erinnerung an Pigment und Farbe zeigen die Blätter von Elisabeth Knorr-Sehnert. Bewußt betreibt sie das Verschwinden der Farbe im Raum und evoziert damit das Bild einer Malerei am Rande der Erschöpfung und der Selbstauflösung.

Doch soll das Bild auf nichts anderes außerhalb seiner selbst verweisen. Bildnerische Elemente sind aufs äußerste vereinfacht, noch nicht einmal die geometrische Form scheint zu interessieren, sondern die auf einfachste reduzierte Farbschichten. Farbe und Linie sind Bewegungsspur und Architekturelement des reduzierten Bildraums, dessen Minimierung durch die fast transparenten Farben noch weiter vorangetrieben ist.

Susanne Oppel entgegnet in einer Reihe von vier Bildern dem elementaren Ansatz mit introvertierten und empfindsamen Bildern. Feine Nuance statt hartem Kontrast, Eigengesetzlichkeit der Farbe und Versinnlichung der Malerei, die nur sich selbst zum Gegenstand hat, scheinen für sie wichtige Voraussetzungen. Mit wachsender Konzentration des Bewußtseins entpuppt sich aus den Farbraumkörpern ein Gespinst feinster Lineamente. Der Pinselduktus unterstützt sichtbar ein feines, nervöses Schwingen, ein Vibrieren der Flächen, unter denen sich die bewegten Farbgründe mit Intensität aufzuladen scheinen. Das Bild wird zu einem lebendigen Farbcorpus.

Lucia Schoops Arbeitsweise erinnert an die Ecriture automatique. Die Farbe des Bildgrundes wird zum Animateur, zum auslösenden Moment für den Aufbau einer eigenen Bildsprache, in der nur schwer lesbare Figurationen auftauchen, die von einer rauschhaften Gestik getragen scheinen. Hier fließen intellektuelle und sinnliche Bewußtseinszustände ein. Faßbare Dinge aus der Alltagskultur werden jedoch vermieden.

Um jene dreht sich dagegen in den Stilleben von Eva Engelhardt und in den farbassozitativen „Paarbildern" von Irene Heller-Janton. Dem zufällig und spontanen Griff zur Farbe ordnete Heller-Janton realistische Motive wie einen Tisch mit Vögeln oder eine Schale mit Früchten zu. Mit einem Bekenntnis zur Helligkeit und suggestiven Anspielungen auf eine Kultur höchster Harmonie kombiniert Eva Engelhardt eine Variation von Alltagsgefäßen, deren Schönheit allein durch die schlichten, fast kargen plastischen Formen und Konturen begleitet wird. Gegenständliche Motive und Themen beherrschen vor allem die Bildsprache von Günter Thomaschek und die der beiden jüngsten Teilnehmer und angehenden Kunststudierenden Jana Fleischmann und Marius Eckel. Die dichte Ansammlung von Musikerportraits von Marius Eckel läßt eine Wand aus Ankündigungsplakaten assoziieren und doch erscheinen die Figuren körperlich nah. Ihre vor Farbe und flüssiger Pinselführung wabernden und vibrierenden Physiognomien drängen sich regelrecht auf. In diese geballte Präsenz des Orchesters aus Gesichtern, Körpern und Instrumenten läßt Eckel versprengte Farbakkorde grell einschlagen. Wie unruhige aber lebendige Störelemente wirken sie der Atmosphäre aus dunklen und tiefen Tönen wohltuend entgegen. Günter Thomaschek ließ seine Blicke auf die Umgebung der Atelierräume der Sommerakademie wandern. Eines seiner Motive ist der Blick über den ehemaligen Befestigungsgraben hin zu den barocken allegorischen Skulpturen an der Einfahrt zum herzoglichen Schloß.

Reminiszenzen an die gegenständliche Welt und die Arbeitswelt einer Malerin finden sich in den Bildern von Irene Hintmann. Bipolar zu diesen Innenräumen mit Staffelei und Tisch nimmt sich eine kleinformatige Arbeit von ihr aus, in der die farbige Welt des Bildes schwarz vergittert wird. Überlagert von diesen festen Strukturen findet das abstrakte Muster dennoch eine mächtige Strahlkraft.

Mit Unterbrechungen der Bildgeometrie, Verschiebungen und Destruktionen von Raumerlebnissen arbeitet Christiane Völckers. In ihren Bildern werden Elemente zeitgenössischer Wohnarchitektur wie Erinnerungsfetzen eines menschlichen Empfindungsraumes in eine unmittelbare Korrespondenz mit der Wirklichkeit gestellt. Zwischen sichtbarer Erfahrung und phantasievollem Traum sind die Bilder von Helga Beisheim angesiedelt. Ihre Arbeiten sind formal streng geordnet, Illustrationen einer Welt magischer Formen. In einem abstrakten Formspiel nähert sie sich der Materialisation der Dingwelt. Über einem monochromen grauen Hintergrund breitet sich eine arabeskenhaft in sich verschlungene Pinselschrift aus und läßt die Figur eines Automobils erkennen. Dieses auf die Bildmitte konzentrierte Gewirr aus Fläche, Linie und Raum verschlingt sich im Rot und verschmilzt in einem Mäandermeer.

Form und Farbe im Bildraum sind die beiden wesentlichen Gestaltungselemente, die Heike Otto in ihren als Reihe präsentierten Arbeiten einsetzt. Ihr eigentliches Thema ist die Reduzierung, wobei sie das „Glatte", „Nette" und „Schöne", wie sie selbst sagt, aus ihren Bildern zu eliminieren sucht. Schichten von übereinandergelegten Farben, die dadurch einen verhaltenen und verwaschenen Charakter zeigen, setzt sie kräftigfarbene Flächen gegenüber und erreicht damit eine stärkere Radikalität in ihrem Ausdruck.
Crista Fritsche konzentriert sich auf die meditative Wirkung der sogenannten Nichtfarben Weiß und Grau. Diese dominieren auch ihre großformatige Arbeit und lenken die Empfin-

dung und die Konstruktion der Bildlandschaft. Eine Wendung erfährt dieses kompakte Bildgebäude durch die glühende Strahlkraft einer Rose als Muster eines Kleides. Durch den verschlüsselten Bezug einer weiblichen gesichtslosen Figur mit assoziationsträchtigen Fundstücken weiblicher Präsenz erhöht Crista Fritsche die symbolische Funktion der Form und Farbe noch weiter. In der Betonung von Linie und Umriß ist ihre Malerei wie auch die kleinformatigen Arbeiten von Renate Mergehenn noch zeichnerisch geprägt. Renate Mergehenn sucht den Bildorganismus, nicht das schildernde Detail. Ihre dem Gegeständlichen entlehnten menschlichen Figurationen werden zu Konstruktionsteilen der Bildarchitektur.

Mit Einblicken, Durchblicken und Ansichten auf ein zerstörtes Haus nimmt Christina Hüter die Erinnerung an einen lange vergessenen und untergegangenen Alltag zum inhaltlichen Ausgangspunkt ihrer dreiteiligen Arbeit. Es ist kein gewöhnliches Abbruchhaus, das sie aus unterschiedlichen Perspektiven wie zu einer Theaterkulisse inszeniert. Konglomerate dynamischer Pinselzüge lassen den Betrachter eintauchen in ein von glühender und frischer Farbe sprühendes Bild, dessen Lebendigkeit in einem Kontrast zum Unbehausten des Ortes steht. Ruinenlandschaften und Trümmerbilder von zerstörten Stadtlandschaften beherrschten nach 1945 die Bilder von Karl Hofer, Lea Grundig und Heinrich Ehmsen. Bei ihnen hatten sich die Schrecken des Krieges, das Verlorensein und die Schutzlosigkeit in einer kaputten Welt, tief in die Leinwände gegraben. Das Gedächtnis an den Krieg, an Flucht, Verlassensein und Zerstörung wird auch von diesem Haus beherbergt, das einst zentraler Ort von Familienleben, Festen und Begegnungen von Menschen war. Weitere Zeitspuren kamen dazu und ließen ein Anknüpfen an das Leben davor nicht mehr zu. Nicht Anklage, Wehmut und Trauerarbeit darüber ist von Christine Hüter suggeriert. Mit unbändiger Lust an der Malerei öffnet sie die Räume des Hauses zu einem Fest der Farbe. Pastose oder flüssige, kompakte, feste, spontane oder hastig, dünne Farbmaterien erzeugen Flächen und Ebenen von reiner Strahlkraft und zarteste schwebenste Farbigkeit. Lichtschnelle Bewegungen lassen Fenster und Wandöffnungen zu Farbsequenzen in Blau, Rot und Gelb aufblitzen, Türen geben Blicke auf gleißendes Licht des Sommers frei, das den Innenraum mit leisen und flüchtigen Assoziationen füllt, die auch dem Betrachter Gefühl für einen „Ort" geben, so daß er sich seiner selbst bewußt werden kann.

1 Paul Klee, *Kunst-Lehre, Aufsätze, Vorträge, Rezensionen und Beiträge zur bildnerischen Formlehre*, Leipzig 1991, S.72.
2 Emil Nolde an einen jungen Künstler, in: *Künstlerbriefe über Kunst*, hg. von Hermann Uhde-Bernays, Frankfurt 1963, S.49.
3 Téodor de Wyzewa, *Wagnerische Kunst: Die Malerei*, in: *Kunsttheorie im 20. Jahrhundert*, Bd.I 1895-1941, hg. von Charles Harrisson und Paul Wood, Ostfildern-Ruit, 1998, S.23.
4 Jules Olitski, *Mit Farbe malen*, in: *Kunsttheorie im 20. Jahrhundert, Bd.II 1940-1991*, hg. von Charles Harrisson und Paul Wood, Ostfildern-Ruit, 1998, S.955.

Irene Pregizer

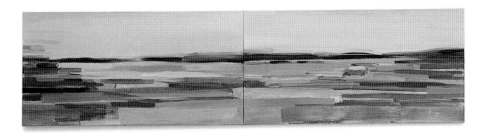

Nanny de Ruig

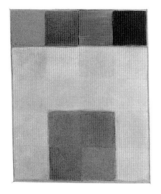  

Marlene Nix

Barbara Schulte-Zurhausen

103

Ingeborg Sauvadet

Lucia Schoop

Susanne Oppel

Elisabeth Knorr-Sehnert

Irene Heller-Janton

Eva Engelhardt

Jana Fleischmann

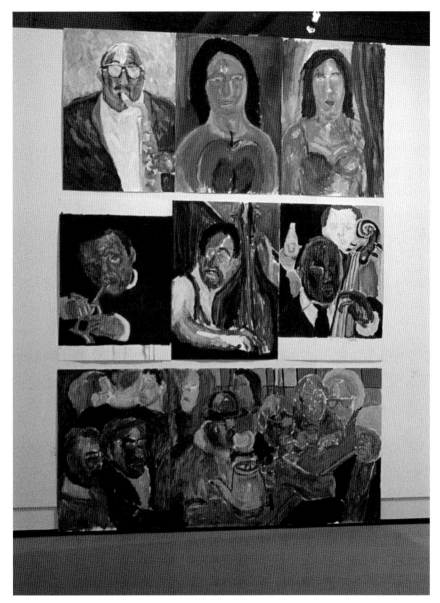

Marius Eckel

Christiane Völckers

Günter Thomaschek

Christina Hüter

Irene Hintmann

Helga Beisheim

Heike Otto

117

Crista Fritsche

Renate Mergehenn

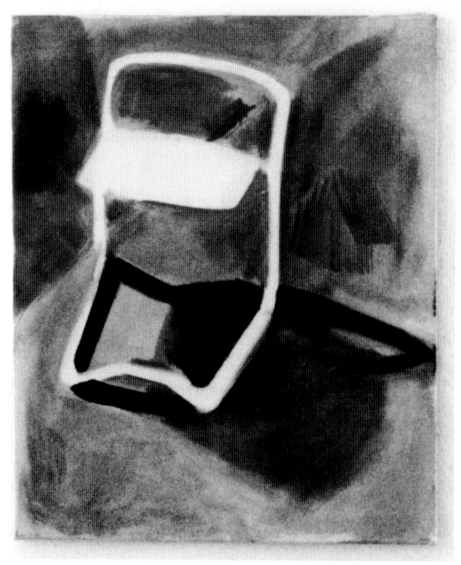

Julia Ewerth

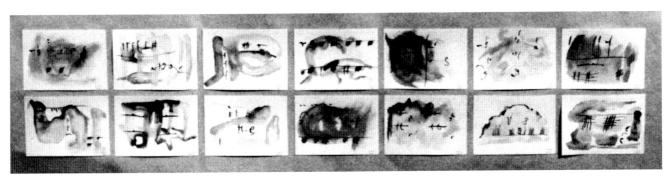

Frieda Marie Oelkers

Silke Leverkühne

1953	geboren in Rendsburg, Schleswig-Holstein
1971-1978	Studium an der Kunstakademie Düsseldorf, Meisterschülerin bei Alfonso Hüppi
1975-1976	Studium an der Academia di Belle Arti, Florenz
1993-1995	Gastprofessur für Malerei an der Gesamthochschule Kassel
seit 1999	Lehrauftrag für Malerei an der Universität Gesamthochschule Essen
	lebt und arbeitet in Düsseldorf und S. Ellero, Italien.

Stipendien (u.a.)

1985-86	Atelier im Künstlerhaus Bethanien, Berlin
1987-89	Stipendiatin der Günter-Peill-Stiftung, Düren
1989	Förderpreis der Stadt Düsseldorf

Einzelausstellungen (Auswahl)

1980	Leopold-Hoesch-Museum, Düren
1981	Galerie Handschin, Basel
1983	Galerie Brusten, Wuppertal
1985	Sparkassenhochhaus, Düsseldorf
	Galerie Ilverich, Meerbusch-Düsseldorf
1986	Städtische Galerie, Düsseldorf
	Künstlerhaus Bethanien, Berlin
1989	Leopold-Hoesch-Museum, Düren
1990	Forum Bilker Straße, Kunstmuseum Düsseldorf
	Westfälischer Kunstverein Münster
	Kunstverein Mannheim
	Erfurter Kunstverein im Angermuseum
1991	Galerie Brusten, Wuppertal
	Kunstverein Braunschweig
	Kunstverein Emmerich

1992 Karin Bolz Galerie, Köln

Kunstverein Lippstadt

1995 Karin Bolz Galerie, Köln

Galerie Ilverich, Meerbusch-Düsseldorf

1997 Von der Heydt-Museum, Wuppertal

1998 Galerie Conrads, Düsseldorf

1999 Kunstverein Recklinghausen

Galerie am Werk, Leverkusen

2000 Altonaer Museum Hamburg

2001 Kunstverein Grafschaft Bentheim

Ausstellungsbeteiligungen (Auswahl)

1977 *Das große Format,* Kunsthalle Baden-Baden

1978 *Selbstgespräche,* Württembergischer Kunstverein, Stuttgart

1979 *Selbstgespräche,* Haus am Waldsee, Berlin

Junge Kunst (1), Galerie Handschin, Basel

1980 *Junge Kunst 80,* Kunsthalle Baden-Baden

1981 *Forum Junger Kunst,* Städtische Galerie Wolfsburg,

Kunstmuseum Düsseldorf, Kunsthalle zu Kiel

Hammer II, Galerie Handschin, Basel

1982 Con-Figurazione Casa della Cultura, Livorno

Skulpturenpark Seestern, Düsseldorf

1984 *Von hier aus,* Messehallen, Düsseldorf

Hommage à Felix Handschin Galerie Littmann, Basel

1987 *Vom Essen und Trinken,* Kunst- und Museumsverein Wuppertal

1988 *Meine Zeit mein Raubtier,* Kunstpalast Düsseldorf

1990 *Vertrauen ins Bild – 20 Jahre Studio Jeschke* Museum Bochum,

Kulturabteilung Leverkusen, Stadtgalerie Kiel

Verborgene Schätze, Von der Heydt Museum, Wuppertal

1992 *Dialog-Parabeszed,* Ausstellungshaus der Galerie Budapest, Budapest

1994 *Kunst der Gegenwart,* Kunstverein Schloß Plön

Das Abenteuer der Malerei in den Kunstvereinen für die Rheinlande Westfalen,

Düsseldorf und Württembergischer Kunstverein,Stuttgart

1997 *Was ist,* Der Deutsche Künstlerbund, Kunsthalle Rostock

1999 *Augenzeugen,* Sammlung Hanck, Kunstmuseum Düsseldorf

2000 *Landschaftsräume,* Sammlung Deutsche Bank im Museum Küppersmühle,
      Duisburg

      2356 km, Kunst aus Düsseldorf in Moskau Neue Manege, Moskau

Peter Mell

1939   geboren in Weimar.

1959-1964   Studium an der Akademie der Bildenden Künste München

seit 1969   Ausstellungen im In- und Ausland,

            lebt und arbeitet in Mehla/ Thüringen.

Ausstellungen (Auswahl)

1971   Kunstzone München

1976   B.O.A. München

1979   *Karfreitagsaktion Leidenstage* Werkstudio München

1980   *aperto 80,* Biennale di Venezia

1981   *Etten* Fabrik Lothringerstraße München

1984   *Von hier aus,* Düsseldorf

1985   Galerie Zimmer, Düsseldorf

       Vom Zeichnen, Frankfurter Kunstverein

1986   Künstlerhaus Bethanien, Berlin

1987   Kutscherhaus Berlin

       Museum Folkwang Essen

1988   Kunstfonds Bonn

       Focus 88, Kunsthalle der Hypo-Kulturstiftung München

1989   Galerie PM Zagreb Junge Kunst aus der BRD Warschau, Belgrad, Zagreb

       Gegenwart der Vergangenheit, Bonner Kunstverein

1990   Galerie Schedle & Arpagaus Zürich

       Dany Keller Galerie München

       Kunstminen, Kunstmuseum Düsseldorf

1991   Galerie Gaby Kraushaar Düsseldorf

       Syndikathalle Bonn

       10 Jahre Kunstfonds Bonn, Bonner Kunstverein

1992   *Fest der Malerei*, Marstall Berlin

1993   Galerie Bernd Lutze Friedrichshafen

1994   Galerie Rainer Wehr Stuttgart (Gemeinschaftsarbeiten mit Holger Bunk)

1995   Galerie Springhornhof, Neuenkirchen

1998   Kunsthaus Villa Benary, Erfurt

2000   Ausstellungs Raum Türkenstrasse 60, München

2001   Galerie Parterre, Berlin

Franz Ackermann

1963	geboren in Neumarkt St. Veit , lebt in Berlin
1984-1988	Akademie der bildenden Künste, Berlin
1989-1991	Hochschule für bildende Kunst, Hamburg
	DAAD, Hong Kong

Einzelausstellungen (Auswahl)

1989 Galerie Komat, Braunschweig

1990 Galerie Fischer, Hamburg

1991 *Art Acker*, Berlin

1994 *Ackermanns Wörterbuch der Tätigkeiten*, Buchpublikation Dialo(o)g, Belgisches Haus, Köln (Katalog)

Condominium, Galerie neugerriemschneider, Berlin

1995 Thomas Solomon's Garage, Los Angeles

Gavin Brown's Enterprise, New York

Das weiche Zimmer, Hannoversch Münden; Galerie neugerriemschneider, Berlin

1997 *Unexpected*, Gavin Brown's Enterprise, New York

Unerwartet, Kunstpreis der Stadt Nordhorn (Katalog)

Mai 36 Galerie, Zürich

Portikus, Frankfurt (Katalog)

Giù Marconi, Mailand

White Cube, London

1998 Galerie neugerriemschneider, Berlin

Das Haus am Strand und wie man dorthin kommt, Galerie Meyer Riegger, Karlsruhe

Pacific, White Cube, London

Songline, Neuer Aachener Kunstverein

1999 *Works on Paper Inc.*, Los Angeles

Off, Kasseler Kunstverein

1999   *Trawler*, Mai 36 Galerie, Zürich

Gruppenausstellungen (Auswahl ab 1996)

1998   *Wunderbar*, Kunstverein in Hamburg (Katalog)

Franz Ackermann und Jonathan Meese, Sammlung Volkmann, Berlin

Ferien, Utopie, Alltag, Künstlerwerkstatt Lothringer Straße, München

Osygus, Produzentengalerie, Hamburg

1999   *Atlas Mapping*, Kunsthaus Bregenz (Katalog)

German Open, Kunstmuseum Wolfsburg (Katalog)

amAzonas Künstlerbücher, Villa Minnimo, Hannover

Dream City, Kunstverein München (Katalog)

Anderswo 1, Kunstraum Kreuzlingen

2000   *Frieze*, ICA Boston (Katalog)

2001   *close up*, Kunsthaus Baselland, Muttenz, Kunstverein Freiburg im Breisgau,
Kunstverein Hannover (Katalog).

Michael Glasmeier

1951　geboren in Bochum, Studium der Kunstgeschichte, Literaturwissenschaft und Philosophie in Berlin und Marburg

1984　Promotion

1997-2001　beauftragt mit der Verwaltung einer Professur für Kunstwissenschaft, Hochschule für Bildende Künste Braunschweig

2001　Professur für Kunstwissenschaft, Hochschule für Bildende Künste Braunschweig lebt als freiberuflicher Essayist, Publizist, Ausstellungsorganisator, Vortragsreisender und Bibliograph in Berlin und Wien.

Veröffentlichungen (Auswahl)

1987　*Karl Valentin. Der Komiker und Künste*, München und Wien
Buchstäblich wörtlich... Eine Sammlung konkreter und visueller Poesie der sechziger Jahre in der Nationalgalerie Berlin (Katalog), Berlin

1989　*Broken Music. Artist's Recordworks* (Katalog), Berliner Künstlerprogramm des DAAD, gelbe Musik Berlin, (mit Ursula Block)

1990　*Buchstäblich Nürnberger wörtliche Tage,* Kunsthalle Nürnberg, Nürnberg (mit Lucius Grisebach)

1992　*Periphere Museen in Berlin,* Berlin (Herausgeber)

1993　*Schenkung Christian Boltanski* Valentin-Musäum, München, Köln (mit Christian Boltanski)

1994　*Erzählen* Akademie der Künste Berlin, Berlin

1995　*Wilhelm Fraenger. Formen des Komischen, Vorträge 1920 -1921*, Dresden-Basel (Herausgeber)

1999　*Vergessen,* Jahrbuch der Hochschule für Bildende Künste Braunschweig, Braunschweig

2000　*Üben,* Essays zur Kunst, Köln
Samuel Beckett Das Gleiche nochmal anders. Texte zur Bildenden Kunst, Frankfurt (Herausgeber mit Gaby Hartel)

Biographien der Teilnehmerinnen und Teilnehmer

Helga Beisheim

Jahrgang 1942, lebt und arbeitet in Krummhoern · Grimersumer Altendeich 5,

26736 Krummhoern

Einzelausstellungen und Teilnahme an Gruppenausstellungen

Nanny de Ruig

Jahrgang 1947, lebt und arbeitet in Wuppertal · Ringstrasse 58, 42349 Wuppertal

Einzelausstellungen und Teilnahme an Gruppenausstellungen, Performances

Marius Eckel

Jahrgang 1982, lebt und arbeitet in Bergisch Gladbach · Hoppersheider Weg 10,

51467 Bergisch Gladbach

Eva Engelhardt

Jahrgang 1954, lebt und arbeitet in Wolfenbüttel · Großer Zimmerhof 20,

38300 Wolfenbüttel

Einzelausstellungen und Teilnahme an Gruppenausstellungen

Julia Ewerth

Jahrgang 1982, lebt und arbeitet in Hammoor · Kamp 2 a, 22941 Hammoor

Jana Fleischmann

Jahrgang 1982, lebt und arbeitet in Aue · Dorfstrasse 7, 06618 Aue

Crista Fritsche

Jahrgang 1940, lebt und arbeitet in Niebüll · Koogsreihe 7, 25899 Niebüll

Einzelausstellungen und Teilnahme an Gruppenausstellungen

Irene Heller-Janton

Jahrgang 1947, lebt und arbeitet in Mielkendorf · Am Lehmteich 1, 24247 Mielkendorf

Einzelausstellungen und Teilnahme an Gruppenausstellungen

Irene Hintmann

Jahrgang 1948, lebt und arbeitet in Worpswede · Bergedorferstrasse 39, 27726 Worpswede

Einzelausstellungen und Teilnahme an Gruppenausstellungen

Christina Hüter

Jahrgang 1965, lebt und arbeitet in Gifhorn · Am Diekberg 6 a, 38518 Gifhorn

Einzelausstellungen und Teilnahme an Gruppenausstellungen

Elisabeth Knorr-Sehnert

Jahrgang 1949, lebt und arbeitet in Schwelm · Höhenweg 102, 58332 Schwelm

Einzelausstellungen und Teilnahme an Gruppenausstellungen

Renate Mergehenn

Jahrgang 1953, lebt und arbeitet in Dillenburg · Johannstr. 15, 35683 Dillenburg

Einzelausstellungen und Teilnahme an Gruppenausstellungen

Marlene Nix

Jahrgang 1941, lebt und arbeitet in Remagen · Rheinhöhenweg 69, 53424 Remagen

Frieda Marie Oelker

Jahrgang 1948, lebt und arbeitet in Hamburg · Nagels Allee 2, 22769 Hamburg

Einzelausstellugen und Teilnahme an Gruppenausstellungen

Susanne Oppel

Jahrgang 1952, lebt und arbeitet in Bielefeld · Ravensbergerstrasse 63, 33602 Bielefeld

Einzelausstellungen und Teilnahme an Gruppenausstellungen

Heike Otto

Jahrgang 1941, lebt und arbeitet in Steinhagen · Lindenstrasse 34, 33803 Steinhagen

Irene Pregizer

Jahrgang 1949, lebt und arbeitet in Northeim · Schaupenstiel 17, 37154 Northeim

Einzelausstellungen und Teilnahme an Gruppenausstellungen

Ingeborg Sauvadet

Jahrgang 1948, lebt und arbeitet in Neuenhaus · Kohdiek 10, 49828 Neuenhaus

Lucia Schoop

Jahrgang 1949, lebt und arbeitet in Bargteheide und Greifswald · Am Hühnengrab 8,

22941 Bargteheide

Einzelausstellungen und Teilnahme an Gruppenausstellungen

Barbara Schulte-Zurhausen

Jahrgang 1955, lebt und arbeitet in Aachen · Erlenweg 11, 52074 Aachen

Einzelausstellungen und Teilnahme an Gruppenausstellungen

Günter Thomaschek

Jahrgang 1942, lebt und arbeitet in Faßberg · Schlichternheide 25, 29328 Faßberg

Christiane Völckers

Jahrgang 1935, lebt und arbeitet in Bad Nenndorf · Hinter den Häfen 17,

31542 Bad Nenndorf

Teilnahme an Gruppenausstellungen

Verzeichnis der ausgestellten Werke

Ausstellung Silke Leverkühne. Peter Mell. Malerei

Mit * gekennzeichneten Werke sind im Katalog abgebildet.

*1 *Wolken verdichtet*
Silke Leverkühne, Eitempera auf Leinwand
2001, 210 x 140 cm

2 *Wolken bewegt*
Silke Leverkühne, Eitempera auf Leinwand
2000, 160 x 130 cm

*3 *Assunta*
Silke Leverkühne, Eitempera auf Leinwand
2000, 210 x 140 cm

4 *Wolkenfetzen II*
Silke Leverkühne, Eitempera auf Leinwand
2000, 210 x 140 cm

*5 *Wolkenfetzen I*
Silke Leverkühne, Eitempera auf Leinwand
1998, 100 x 180 cm

6 *Wolken aufsteigend I*
Silke Leverkühne, Eitempera auf Leinwand
1998, 220 x 140 cm

*7 *Wolken aufsteigend II*
Silke Leverkühne, Eitempera auf Leinwand
1999, 220 x 140 cm

*8 *Wolken mit gelber Störung*
Silke Leverkühne, Eitempera auf Leinwand
1999, 100 x 180 cm

*9 *maigrün über lachsrosa*
Silke Leverkühne, Eitempera auf Leinwand
2000, 50 x 75 cm

*10 *Kühltürme*
Silke Leverkühne, Eitempera auf Leinwand
2000, 200 x 180 cm

Impressum

Die Deutsche Bibliothek – CIP-Einheitsaufnahme

Einzelgänger: Silke Leverkühne, Peter Mell / hrsg. von Sabine Baumann
für die Bundesakademie für kulturelle Bildung Wolfenbüttel.
Textbeitr. von Sabine Baumann .... - Köln : Salon-Verl., 2001
ISBN 3-89770-149-9

Herausgeber: Sabine Baumann, Bundesakademie für kulturelle Bildung,
Wolfenbüttel
© Sabine Baumann, die Künstler und Autoren
© VG Bild Kunst, Bonn 2001

Projekt Sommerakademie EINZELGÄNGER
Idee, Konzeption, Leitung: Sabine Baumann
Technischer Dienst: Jochen Gdynia
Öffentlichkeitsarbeit: Andrea Ehlert
Organisation: Sabine Oehlmann
Graphik: Beate Mohr
www.bundesakademie.de

Katalog
Konzeption, Redaktion: Sabine Baumann
© Fotos: Lutz Bertram, Berlin (S. 2, 3, 16, 17, 23, 27, 29, 33, 36, 37), Andrea Ehlert,
Wolfenbüttel (alle übrigen s/w-Fotos), Thomas Lederdanck, Düsseldorf (S. 35, 39,
43, 44, 45), Thomas Müller, Braunschweig (Abbildungen der Ergebnisse), Nic
Tenwiggenhorn, Düsseldorf (S. 19, 21, 25, 30).
Gestaltung: Sabine Baumann, Vera Grönegress (angelehnt an den ersten Katalog
EINZELGÄNGER, Gestaltung Nicole Viehöver)
Covergestaltung: Beate Mohr
Lithos: Foag & Lemkau GmbH, Oberschleißheim/München
Herstellung: roco druck gmbh, Wolfenbüttel
Salon Verlag Köln, www.salon-verlag.de
Gefördert von der Niedersächsischen Lottostiftung